Família,
sinônimo de amor

LÚCIA
ALMEIDA

Família, sinônimo de amor

Como superar as dificuldades
e fortalecer os laços familiares
a partir do plano de Deus

petra

PETRA EDITORA
Rua Nova Jerusalém, 345 - Bonsucesso - 21042-235
Rio de Janeiro - RJ - Brasil
Tel.: (21) 3882-8200 - Fax: (21)3882-8212/8313

CIP-BRASIL. CATALOGAÇÃO NA PUBLICAÇÃO
SINDICATO NACIONAL DOS EDITORES DE LIVROS, RJ

A444f Almeida, Lúcia
Família, sinônimo de amor : como superar as dificuldades e fortalecer os laços familiares a partir do plano de Deus / Lúcia Almeida. - 1. ed. - Rio de Janeiro: Petra, 2016.

ISBN 9788582780411

1. Religião. 2. Família. I. Título.II. Série.

16-29703 CDD: 200
CDU: 2

Ao meu amado filho,
Felipe Antônio

Ao meu amor,
Aroldo José F. Bueno

Aos meus pais,
Antônio Rodrigues de Almeida (in memoriam) *e*
Orientina Rosa de Almeida

Aos meus irmãos,
Maria, João, Tereza, Sebastião, Hilda, Moacir,
Ivone, Marta, Helena e Vilma

SUMÁRIO

Prefácio, por pe. Reginaldo Manzotti 9

Apresentação, por Sergio Silva 11

Família, caminho de Deus 13

E por falar em família... 17

Capítulo 1: Relacionamento a dois
Marido e mulher — presente de Deus na vida um do outro 23

Capítulo 2: Adoção, um gesto de amor
Colo, carinho e um lar jamais deveriam faltar na vida de uma criança 31

Capítulo 3: Primeira infância
Por que toda criança tem o direito de ser feliz 41

Capítulo 4: Adolescência
Uma fase que merece atenção 51

Capítulo 5: Educação e tecnologia
Um ponto de atenção para pais e educadores 61

Capítulo 6: Direito de família
Entendendo a construção da família 69

Capítulo 7: Combate e prevenção às drogas
Vencer é difícil, mas é possível 77

Capítulo 8: Dependência química
Porque prevenir sempre será o melhor remédio 87

Capítulo 9: Sentido da vida
Somos chamados à vida independentemente da nossa vontade 99

Capítulo 10: Família, sinônimo de amor
O amor na educação dos filhos 109

Agradecimentos 119

PREFÁCIO

Muito me alegro com a iniciativa da Lúcia Almeida de registrar em um livro, permeando com suas próprias experiências, algumas das entrevistas do programa *Vida em Sintonia*, que, com maestria, vivacidade e inteligência, conduziu na Rádio Evangelizar AM 1.060.

O tema "família" é atualíssimo! Pensada e criada por Deus e descrita por São João Paulo II como a célula-mãe da sociedade, a família, como uma instituição, sofre com os contravalores de uma cultura moderna disfuncional.

Um dos grandes desafios que rondam a família é a influência negativa, especialmente pela mídia pejorativa, que se empenha em mostrar situações desastrosas, conflitivas, problemáticas, e quase não mostra relações saudáveis que possam servir de estímulos para se construir uma relação verdadeira.

Por isso, nada mais pertinente e atual do que um livro incluindo orientações de profissionais gabaritados, que abordam com propriedade assuntos relativos ao relacionamento conjugal e ao relacionamento com os filhos, perpassando a infância, a adolescência e a juventude com seus desafios.

O leitor se depara com a triste realidade das drogas que, atualmente, é o principal fator que tem levado nossos jovens à destruição. Já se tornaram um problema de saúde mundial e, além disso, são o "gatilho" que desencadeia a violência, como comprova a partilha corajosa, assustadora e comovente feita por um jovem que viveu este problema, mas foi resgatado pelo amor de Deus e da família. A autora foi muito feliz em apresentá-la, pois com certeza serve como encorajamento, estímulo e esperança para tantos jovens e familiares vítimas da dependência química.

A sociedade de hoje pouco valor dá à família. Cabe a cada um que acredita no plano de Deus para ela resgatá-la e edificá-la na rocha firme que é a Palavra de Deus.

Aqui o leitor encontrará subsídios para fortalecer os laços, superar o que destrói e desune e transformar a família naquilo que ela é: *Sinônimo de Amor.*

Pe. Reginaldo Manzotti
Fundador da Obra Evangelizar é Preciso e
pároco-reitor do Santuário Nossa Senhora de Guadalupe

APRESENTAÇÃO

Novamente honrado pelo convite, eis-me aqui para apresentar este novo trabalho da minha querida amiga e irmã de caminhada Lúcia Almeida.

Desta vez, o desafio é atual, pertinente e imprescindível — a família. Vivemos a era do vazio, a falência do sentido; a reincidência das ideologias e utopias; o triunfo do individualismo e o aparecimento de novas tecnologias engendrando um crescimento brutal dos poderes do ser humano. Como resultado, um vazio ético se faz sentir, colocando sinais de alerta no painel e acionando os alarmes das consciências inquietas. Lúcia é essa alma sensível e inquieta que quer partilhar com você, prezado leitor, suas palavras de ordem contra a injustiça, ao mesmo tempo em que profeticamente anuncia a esperança.

No seu primeiro trabalho literário, *Vida e sonho "rio"*, Lúcia nos mostrou suas características mais relevantes de menina--mulher. Agora, registra aqui ecos de sua vida profissional, no programa *Vida em Sintonia*, da Rádio Evangelizar AM 1.060, onde também, com brilhantismo, "provoca" seus convidados nos temas pautados ali e transfere para o papel sua experiência familiar, legando a todos nós uma partilha pessoal e real.

Conheça os dramas e as vicissitudes da família, as mudanças do núcleo afetado pelos apelos midiáticos e socioculturais. Beba os relatos importantes dos entrevistados, reflita sobre a importância da referência ou a ausência desta e se encante com a história de vida desta "guerreira menina", que ainda nos dá um generoso bônus com sua poesia terna e apaixonada.

Leitura sugerida para pessoas de boa vontade, comprometidas em construir o Reino de Deus na sociedade caótica em que vivemos. Livro para ler e se comprometer. Bom proveito.

Sergio Silva
Jornalista, radialista, teólogo

FAMÍLIA, CAMINHO DE DEUS

Jesus e os discípulos estavam numa barca, em alto-mar, e com eles outros barcos. E veio uma tempestade de vento que agitava os barcos. Nesse momento Jesus estava dormindo. Diante da situação caótica, os apóstolos, desesperados, julgavam-se perdidos. "Mestre, Mestre! Estamos perecendo!" "Levantou-se Ele e ordenou aos ventos e à fúria da água que se acalmassem, e se acalmaram e logo veio a bonança." (Lucas 8,22-25)

Para tudo há um tempo, e o tempo de Deus não é o nosso tempo. Todavia, Deus não adormece, Jesus não sai de férias; nós é que saímos de seu aconchego. Almejamos tão alto e rápido que ficamos longe da verdadeira solução para o nosso caos.

É um exercício diário amadurecer a fé e persistir no caminho que nos dá segurança e felicidade. Muitas vezes é preciso ir até o fundo do poço para reconhecermos a presença viva de Deus Pai ao nosso lado.

Eu caminhei, caminhei, caminhei, e me perdi. Por um bom tempo andei sem saber para onde estava indo. De repente, no meio do caminho, o poema "Retrato", de Cecília Meireles, combinava comigo; era como se tivesse sido feito para mim:

Eu não tinha este rosto de hoje,
assim calmo, assim triste, assim magro,
nem estes olhos tão vazios,
nem o lábio amargo. [...]

E, por isso, venho agradecer a Deus por meio deste despretensioso trabalho. Ele não me abandonou. Tratava-se sempre de um chamado, de uma voz que me dizia: "Volte!"

Desde cedo aprendi que viver é muito mais do que estar na vida. É fazer história, é deixar um legado. Quero compartilhar algumas mensagens e uma breve reflexão sobre nossas famílias a partir de algumas entrevistas sobre o assunto, e assim, quem sabe, poder colaborar com a reconstrução dos tantos lares que se encontram "fora dos trilhos".

Dizer aos meninos e meninas, homens e mulheres que tudo, tudo passa, não importa o tempo que se leve, mas que também nada é para sempre. O sol nasce e brilha para todos, todos os dias. E é possível conseguir isso quando a gente se abre e aprende a se deixar podar e brotar novamente. Mais cedo ou mais tarde, algo novo acontece, e o sentido da vida vem como novas ondas.

Porque Deus é muito mais. Aliás, não basta saber que Ele existe. Claro, saber da existência de Deus é imensamente gratificante. Um Deus do céu, da terra, um Deus criador, que pensou na cor das árvores, dividiu as estações, pensou no homem, pensou na mulher. É bom saber que existe um Deus. Não obstante, saber é pouco. É preciso senti-Lo, e sentir o amor desse mesmo Deus é alcançar o êxtase da felicidade, poder desfrutar do afago, do beijo, do desejo desse alguém que jamais nos abandonará ou nos condenará, saborear o desejo desse alguém em nos ver felizes sem pedir nada em troca. É viver!

Sinto-me à vontade para falar de nós dois. Somos íntimos. E isso faz da minha existência uma verdadeira constelação: amigos, sonhos, desafios, perdão, amor, família... Ele é tão grande, tão sábio, tão poderoso, tão majestoso... É tudo o que eu jamais conseguiria descrever. Nem todos os repertórios de concertos em todas as línguas de todo o universo somariam a grandeza do Senhor. Porque Ele é muito mais. Ele é a paz. Não é apenas um deus, mas simplesmente *Deus*. Ainda sou criança de colo para falar do Seu amor, mas confesso que Ele mesmo, na Sua imensidão, já me mostrou que me ama de maneira incondicional, especial, preferencial, única e infinita, e é esse amor que bate à minha porta da frente a me dizer: "Não quero seu amor, mas quero amar você... Não importa onde esteve, mas se está disposta a voltar... Amo tanto você que, se fosse a única em todo o mundo, o Meu amor por você não aumentaria... porque a medida do Meu amor é não ter medida."

É esse Deus que parece ser tão inatingível que me abraça, me fortalece e me impulsiona a começar, recomeçar e continuar sempre. *Ele é Pai!*

E POR FALAR EM FAMÍLIA...

Se quisermos uma sociedade menos violenta e mais humana, precisamos verdadeiramente investir na relação entre pais e filhos. Está mais do que na hora de abraçarmos a "nossa família".

Mães! Não desistam de seus filhos!

Pais! Amem seus filhos!

Filhos! Aceitem seus pais do jeito que eles são!

Afinal, é na família que entendemos o primeiro "nós" ao qual aprendemos a nos referir. É na família, mediadora entre o indivíduo e a sociedade, que reconhecemos o mundo.

Há 18 anos participo de retiros para jovens, e é impressionante como o tema família desperta lágrimas e emoções. É nítida a vontade que cada um sente de correr e abraçar aqueles que os rodeiam, seja para reforçar a convivência sadia que já existe, seja para pedir perdão e reconstruir juntos um relacionamento.

Parece que o dia a dia das nossas famílias vai se enchendo de pequenas decepções e frustrações. Parece que não é permitido viver os conflitos, conversar sobre os problemas e as diferenças, e de repente o clima fica pesado. Os pais não se entendem, não entendem seus filhos, e os filhos não entendem os pais. O lugar que deveria ser o aconchego torna-se o último em que se quer estar.

"Abrace seu filho antes que o mundo o abrace." Ouvi essa frase pela primeira vez em uma homilia feita pelo pe. João Ceconello. Fiquei pensando nisso quando perguntei a um pai se ele já havia ido visitar o filho na penitenciária e ele me respondeu: "Não! Não fui e não estou nem aí."

Fiquei perplexa. Meu Deus! É um filho que está atrás das grades. "Como assim, 'não estou nem aí'?"

Isso me levou a uma reflexão. Esse pai provavelmente já deveria tê-lo abandonado muito antes daquela circunstância. Na sua primeira idade, talvez. Claro, sem entrar nesse mérito, sem julgamentos. Mas algo está errado. E aí, se olharmos por esse prisma, é quase possível acreditar que a chamada célula da sociedade está morta, como muitos dizem. Todavia, prefiro dizer sempre que a família é uma célula sagrada da sociedade, e que precisa muito ser cuidada, protegida e resgatada. Jamais morrerá. Jamais deixará de ser a instituição que vem primeiro, a mais importante de todas.

Quando a família vai bem, tudo fica mais leve. Família é sinônimo de porto seguro. Sinônimo de amor! Se a sociedade cobra a individualidade, a concorrência, o chegar em primeiro lugar, dentro de casa não dá para ser assim. É preciso que a coletividade prevaleça. E é inevitável. Cada um de seus membros traz o mesmo sangue, e nem por isso deixa de ser único.

Assim, uma família é um conjunto de indivíduos diferentes, e o que faz a diferença dentro de cada lar é o respeito, consequência de um ambiente saudável, construído com muito diálogo e cumplicidade. Os conflitos são fundamentais, eles fazem parte dessa construção, da mesma maneira que o perdão também precisa fazer. Vivemos numa época em que muitas famílias encontram-se desestruturadas, com fortes problemas de dependência química, desemprego e tantos outros. Mas há muitas maneiras de se procurar ajuda. A cada dia surgem caminhos e oportunidades. As soluções existem. Agora, é preciso de fato querer sair do lugar. O comodismo vem e, às vezes, é muito mais simples ficar no mesmo lugar. Mudar dá trabalho. Contudo, ficar no muro das lamentações dá trabalho dobrado. Um lar sereno depende de cada um de seus membros, e alguém tem que começar. Bastam pequenas atitudes do filho, da esposa, do esposo. E todo o ambiente aos poucos se modifica e edifica.

No dia 26 de abril de 2008, um evento marcou a vida da minha família.

De repente, a casa estava sendo arrumada. Ele estava para chegar. Todos os filhos e netos estavam presentes. Tinha café fresco. Porém, desta vez não se tratava de festa de aniversário, nem bodas, nem Natal. Era a despedida dele, a despedida do meu pai. E como explicar aquela madrugada?

Aquele amanhecer gelado foi longo e paradoxal; todos queríamos estar ali ao seu lado, mas isso implicaria a sua partida definitiva.

O momento chegou. Foi a cena mais triste que nossos olhos puderam testemunhar...

Ele estava ali, com seu jeito de menino e a face serena. Os amigos, os vizinhos, os parentes, todos foram chegando. A rua ficou tomada de carros e de pessoas que chegavam de todos os lugares. Ele era muito amado.

Enfim, a casa ficou lotada para dizermos, em uma só voz: "Adeus, sr. Antônio! Vá com Deus, e obrigado por tudo o que fez por nós. Pelas lições ensinadas. Pela missão cumprida!" E aí restou-nos rezar e acreditar no que ele sempre nos deixou como herança: "Quando partimos vamos direto para os braços de Deus." Então ele deve estar lá, batendo papo com Nossa Senhora e contando histórias com Jesus. Isso alivia um pouco...

E aí, a dor vai se transformando em uma sensação inexplicável. Uma saudade boa. Uma lembrança gostosa. Vai se amenizando, porque olhamos para trás e vemos quão preciosa foi a sua presença em nosso meio e quanto ele nos ensinou fazendo com que, mesmo com a sua ausência, sejamos uma linda família.

Durante toda a sua vida, só tivemos exemplos de caráter, verdade, paciência, fé e generosidade. Na simplicidade nos amou incondicionalmente por meio dos seus gestos e atitudes. Foi bom ver seus netos no auge da juventude colaborando no tratamento da sua doença. Meninas e meninos se revezando no período em que ele se encontrava acamado. Foi bonito perceber que ele colheu o que plantou.

Estamos longe de ser uma família perfeita, mas nós nos amamos e nos respeitamos. Dentro das nossas limitações e imperfeições, aceitamos uns aos outros e nos acolhemos.

E você? Como tem contribuído para melhorar o ambiente familiar?

Você, pai?

Você, mãe?

Você, filho?

Se não aprendermos a conviver bem dentro da nossa própria casa, do lado de fora será muito mais difícil.

Claro, há incontáveis estruturas familiares atualmente, mas o que é imprescindível é que a família se aceite do jeito que é. Não há família perfeita. A família ideal, como diz o dr. Fernando Pontes (capítulo 10), é aquela que corre atrás, que vai à luta e encontra o caminho. Ficamos achando que a família do outro deveria ser a nossa, mas, quando olhamos de perto, lá há tantos problemas quanto em nossa casa, se não mais.

O resultado das entrevistas que você vai conferir nas páginas deste livro é o seguinte:

- A forma de amar é o que importa. Desde a primeira infância, na adolescência, na juventude, nos momentos difíceis, na hora de perdoar. É o amor que deve falar mais alto. O amor precisa vencer em quaisquer circunstâncias, e, se preciso for, procure ajuda. Viver é tomar atitudes! Ser feliz é tomar atitudes!

- Manter um casamento saudável e feliz é ter atitudes diárias. Deixe uma planta sem regar para ver o que acontece. Precisamos cuidar daqueles que amamos. Quantas vezes preparamos a casa, a melhor comida, a melhor toalha, tudo para receber nossas visitas — enquanto aqueles que estão ali, bem pertinho, tratamos de qualquer jeito? Segundo meus entrevistados, perdemos tempo demais, e a família precisa vir em primeiro lugar. É uma questão de prioridade, como diz Cirso Teodoro; precisamos preferir nossas famílias, porque temos a doce ou a triste ilusão de que tudo acontece com a família do outro. O pai do vizinho morre, a mãe do vizinho fica doente, enfim, até que o vento sopra ao contrário e a nossa casa cai.

A sugestão é para que cada família, do seu jeito, no seu contexto, ame a si própria! Abracem-se e anseiem pela hora do jantar, para todos estarem juntos outra vez...

Troquem carinhos... recados... abraços...

E lembrem-se da frase: *Abrace seu filho antes que o mundo o abrace.*

CAPÍTULO 1

RELACIONAMENTO A DOIS

Marido e mulher — presente de Deus na vida um do outro

Escrevo estas mal-traçadas linhas na véspera do Dia dos Namorados: uma carta especial, uma declaração de amor para você, meu amor!

De repente me dei conta de que os anos se passaram e, quando olhei pela janela, pude observar nós dois caminhando, lá naquele começo de namoro...

Como era bom, nós dois apaixonados, você sorria com coisas bobas e eu também era muito feliz quando estávamos juntos, bastava encontrá-la e tudo ficava mais colorido.

Hoje fiquei pensando: como assim? Esquecemo-nos da manutenção do nosso amor? Esquecemos que as pequenas coisas nos faziam completamente felizes? Esquecemo-nos dessas pequenas coisas?

Às vezes parece que tanto faz se você ligar ou não. Parece que tanto faz se você vai me encontrar perfumado e de barba feita, ou de qualquer jeito, assistindo à TV. Você também parece não se preocupar se a encontrarei perfumada, linda ou não.

Minha querida esposa, o tempo passou, sim, nossa paixão talvez, mas o nosso amor, ele precisa de um toque especial, de surpresas.

Eu sei que nos amamos e, apesar de todas as dificuldades, dos momentos difíceis pelos quais passamos juntos, sei que ainda temos muito a viver um ao lado do outro.

Por isso, quero reconquistá-la, isso mesmo, quero surpreendê-la, quero dizer outra vez o quanto é especial para mim, o quanto sou fascinado pelo seu jeito menina-mulher de ser, o quanto sou feliz por ser casado com você, exatamente com você!

Enfim...

Que todo casal encontre a cada dia um jeito de regar o amor que por vezes parece meio sem brilho, sem cor. Que você, mulher, encontre o jeito e a audácia para surpreender o seu amado. Que você, homem, encontre o jeito e a audácia para surpreender a sua amada. Homens e mulheres são um presente de Deus na vida um do outro.

Talvez esteja na hora de cada um se perguntar: o que eu estou fazendo com o presente que Deus me deu? Estou cuidando? Estou zelando? Estou agradecendo pela sua existência? Cada um sabe no coração o que e como fazer.

Que Deus, com o seu amor infinito, nos abençoe e nos inspire a viver dia após dia como um lindo casal apaixonado.

Entrevista com Cirso Teodoro, advogado especialista em direito de família, integrante da Pastoral Familiar há 15 anos, do SOS Família e da Escuta Familiar.

Lúcia: Somos um para o outro um presente de Deus. Em sua opinião, estamos cuidando bem desse presente?

Cirso: Infelizmente nem todos entendem o significado desse belo presente e não cuidam dele adequadamente. Quando somos vocacionados para o matrimônio e escolhemos a nossa cara-metade, recebendo-a como um grande e extraordinário presente de Deus, devemos valorizá-la e integrá-la na nossa vida, preservando e curtindo cada momento juntos. Afinal, formamos pela proposta matrimonial uma só carne.

É possível começar um relacionamento saudável?

Sim, na medida em que haja respeito mútuo e abertura para um conhecimento pleno com troca de experiências, pensamentos e sentimentos. É a fase do conhecimento recíproco.

Como saber se o relacionamento já começou de uma forma errada?

Um forte indício de um mau começo é quando há constantes brigas e se perdem o respeito e a admiração pela outra pessoa.

O ideal é fazer uma boa preparação antes do casamento? Em que consiste essa preparação?

Todo casal que quer ter uma vida matrimonial perene deve se preparar adequadamente. No trabalho que estamos realizando, que carinhosamente chamamos de *SOS* e de *Escuta Familiar,* atendemos casais com dificuldades no relacionamento, aqueles que querem fortalecer o compromisso matrimonial e também alguns namorados e noivos que buscam, na participação e na troca de experiências, se preparar para o desafio de ter uma vida familiar saudável e bem-estruturada, com a consciência e responsabilidade do passo pretendido.

Temos mensalmente, na Igreja São José, no bairro do Capão Raso, em Curitiba, o Encontro de Noivos, em que falamos de *harmonia conjugal* e *organização do lar.* Nesse encontro, vários casais e pessoas ministram palestras para preparar e alertar os noivos sobre o compromisso e a responsabilidade da vida familiar. Acredito que um final de semana não é suficiente, mas já é um começo. Uma boa preparação leva tempo, por isso aplaudo os casais que buscam preparação com antecedência.

O amor é como uma planta que precisa ser regada sempre. A partir da sua experiência, os casais estão fazendo essa manutenção do amor ou não?

Existem muitos casais que vivem um verdadeiro matrimônio; porém, nem todos tem noção de uma vida familiar plena, que envolva compromisso, respeito, perdão, admiração e compreensão. Costumamos dizer que o alicerce de um bom casamento é quando um consegue ser para o outro: amigo, companheiro, sócio e amante — tudo isso fortalecido pela presença constante de Deus no lar e ligados pelo amor mútuo. Aliás, *amar* é verbo, portanto, indica ação e deve ser exercitado diariamente.

Está faltando diálogo entre os casais?

Os casais nem sempre sabem conversar. O verdadeiro diálogo é o que faz o relacionamento ser saudável e agradável. Então, o segredo é conversar sempre e sobre tudo, nunca esquecendo que o diálogo também se dá com gestos de carinho, compreensão e muito exercício de escuta (deixar o outro falar) — por isso temos dois ouvidos e uma só boca. Dizemos que a melhor maneira de resolver uma diferença e um conflito entre o casal é saber usar a intensidade correta do tom da voz, no momento certo e no local adequado.

Por que há tantas traições?

Estamos na era do descartável, e há uma vulgarização dos relacionamentos. Os próprios meios de comunicação em massa, com raras exceções, encontram mais resultados em denunciar os maus relacionamentos, as crises conjugais e as separações do que os bons e saudáveis relacionamentos de uma vida familiar exemplar. Estes não dão Ibope.

Como lidar com uma traição?

O assunto é bastante complexo, e cada caso deve ser analisado isoladamente; porém, até o resgate de matrimônios atingidos por essa situação é possível. O perdão entre os cônjuges deve ser constante e pleno, ou seja, deve trazer junto reconciliação, num exercício de perdoar tantas vezes quantas forem necessárias um mesmo pecado, até que a ferida esteja totalmente cicatrizada. Isso é perdoar setenta vezes sete, como ensina o Senhor Jesus.

Até que ponto o ciúme é um sinal de amor?

Na minha modesta opinião, ciúme é sinal de insegurança, e jamais sinal de amor. Quando se ama, não há posse.

Fidelidade e lealdade são fundamentais na vida do casal, mas qual a diferença?

Sim. Embora se confundam até mesmo no dicionário, entendo que, em um relacionamento, *fidelidade* é sinônimo de respeito, de ser cumpridor do compromisso assumido, de ser devotado ao companheiro e nunca trair sua confiança; enquanto *lealdade* é ser franco, sincero, honesto, reto e cordial; possui mais o sentido de ser um verdadeiro *companheiro*.

O amor está banalizado?

Respondo que sim com tristeza no coração. Basta ver nossas novelas, nossos filmes; é difícil um casal permanecer junto do início ao fim da trama. Sempre haverá obstáculos e dificuldades e com eles a ideia das trocas de casais, como se isso fosse o ideal. Infelizmente isso distorce o plano de Deus para a família e banaliza os relacionamentos. As crises sempre existiram e continuarão a existir; o que fazemos com elas e nelas é que fará uma enorme diferença. Quando bem-trabalhadas, elas são boas, pois fortalecem o compromisso familiar.

Sempre é possível reconstruir um relacionamento que parece ter chegado ao fim?

Sim, desde que ambos queiram. Temos inúmeras situações de casais que já estavam separados, se deram uma chance e hoje têm uma vida familiar exemplar. É mais fácil recomeçar de forma maiúscula com aquele cujos defeitos e qualidades conhecemos, reconstruindo juntos, do que partir para um novo relacionamento, no qual poderemos encontrar defeitos maiores e que inviabilizarão uma vida feliz. Afinal, todos temos defeitos e qualidades.

Quando o casal mais parece dois estranhos, o que fazer?

Ouso dizer que grande parte dos casais, mesmo vivendo sob o mesmo teto e com muitos anos de casados no papel, ainda não experimentou uma vida plena de felicidade, em que um curte a presença do outro, se complementa, troca carinhos, elogios e cresce com as diferenças, respeitando-as; sem se anular, incentiva e estimula o companheiro a crescer sempre como pessoa.

Mesmo com a correria do dia a dia, com os compromissos dos filhos, o casal precisa tirar um tempo para namorar?

É extremamente necessário namorar. O matrimônio, como tudo na vida, tem seu desgaste natural. É preciso ser criativo, brincar com a vida, dar muitas risadas juntos, para uma existência agradável.

Em sua opinião, por que os homens correm tanto da chamada DR (discutir a relação)?

Porque não aprenderam a conversar e não sabem o verdadeiro sentido do diálogo.

Dividir as tarefas do lar facilita a vida da mulher? Ou seja, ela poderá com isso ter mais tempo para ficar mais bonita, se sentir melhor e consequentemente agradar mais ao esposo?

Com a modernidade, tudo deve ser dividido; tudo que é feito em conjunto é mais prazeroso para o casal e sobra mais tempo para ambos curtirem a vida.

Aliás, cuidar de si mesmo é um jeito de cuidar do relacionamento. Isso vale para homem e mulher?

Com certeza para os dois. Só consegue amar o outro aquele que se ama, se aceita e busca a felicidade pessoal. Se a pessoa é feliz, ela contagiará o outro pela sua presença e pelo ambiente criado. Os cuidados pessoais podem propiciar uma bela velhice, pois hábitos alimentares saudáveis, exercícios regulares, tanto da mente quanto do corpo, aliados ao sono restaurador, só trarão benefícios para o casal. Afinal, isso significa mais saúde e menos dependência de medicamentos.

Qual o ingrediente principal para um relacionamento feliz?

Sem sombra de dúvida: muita compreensão e admiração pelo outro, respeito e um amor abundante.

Suas considerações finais e seu recado para os casais.

Este é um desejo meu, da minha família e, acredito, de todos os que lutam pela preservação do matrimônio. Na sua vida familiar, sejam quais forem as condições do seu relacionamento, pense nas muitas pessoas que o amam e no quanto você é importante para elas. Pense que você pode e deve fazer a diferença. Surpreenda e presenteie o seu cônjuge, ainda que seja apenas com gestos envolventes de carinho e de amor.

Para o casal: que ame sem medidas ou condições; que valorize as coisas boas e também as pequenas conquistas; que vibre e viva intensamente cada momento, comemorando cada objetivo alcançado; que não leve a vida muito a sério; conte piadas, brinque e ria sempre, pois tudo exala amor ao nosso redor quando encaramos a vida com otimismo e prazer de viver. Afinal, fomos criados por e para o amor.

CAPÍTULO 2

ADOÇÃO, UM GESTO DE AMOR

COLO, CARINHO E UM LAR JAMAIS DEVERIAM FALTAR NA VIDA DE UMA CRIANÇA

Eu faço longos passeios pela cidade. Olho para as ruas, as praças, os chafarizes e tudo parece no lugar. Mas fico triste quando vejo nas vitrines tantos brinquedos, das mais diversas marcas, cores, tamanhos e modelos.

Não pense você que minha tristeza é por não ganhar um daqueles carros enormes que parecem de verdade. Isso também é verdade, é claro. Mas meu olhar tristonho e o meu nó na garganta é mesmo por não ter para onde voltar. Por ser um menino de rua. É sonhar com um lar e me perguntar dia após dia: onde estão meus pais? É ouvir de estranhos: "Você nunca deveria ter nascido!" É sentir que incomodo. É ser criança, apenas um menino, e já entender que minha infância foi roubada, que minha melhor fase foi negligenciada, furtada, e eu estou por aí. Os brinquedos ficam insignificantes quando penso que um dia fui abandonado. Onde está a humanidade que passa por mim e ignora minha dor? Minha fome? Onde está a humanidade que não percebe ou finge que não me vê e ignora a minha falta de amor? Eu só preciso de um gesto. Amor!

Entrevista com Aristeia Moraes Rau, idealizadora do MONACI (Movimento Nacional das Crianças Inadotáveis).

Lúcia: O que é o Movimento nacional das crianças inadotáveis, o MONACI?

Aristeia: O MONACI nasceu do nosso desejo de adotar quatro meninas portadoras do vírus HIV em 2010. Nós entramos na fila de adoção em agosto, ficamos aguardando até dezembro daquele ano e não conseguimos ter o processo deferido.

Antes de vocês conhecerem as meninas, sempre tiveram vontade de adotar?

Sim, fazia parte do nosso planejamento familiar. Sempre fizemos trabalhos voluntários na área de educação, e esse desejo estava presente porque tínhamos consciência das muitas crianças abrigadas em todo o Brasil. A adoção sempre foi o nosso objetivo.

E como surgiu o desejo da adotar crianças especiais?

A ideia de um modo geral era adotar, então nós entramos no programa de adoção e, como todos que têm esse desejo, fizemos a inscrição e o cadastro — aliás, uma burocracia que, embora para muitos não devesse existir, é necessária e indispensável. O que nós não percebemos inicialmente é que a legislação não seria cumprida pelo poder judiciário, porque a habilitação, por exemplo, deve ser feita em até sessenta dias, e a nossa, mesmo com o desejo de adotar crianças especiais, demorou mais de quatro meses para ser concluída. E nós sabemos que em algumas regiões do Brasil essa habilitação pode demorar mais de um ano, prejudicando não apenas o casal, mas principalmente as crianças que lá estão abrigadas. Então, quando entramos no programa de cadastro nacional de adoção, preenchemos um questionário no qual uma das perguntas era se nós tínhamos alguma restrição a adotar crianças portadoras de HIV, o que nos fez conversar sobre isso. Não tínhamos noção do que seria adotar uma criança portadora de HIV, então retornamos ao foro de Curitiba para que eles nos contassem como isso funcionaria. Para nossa surpresa, ninguém sabia; eles não sabiam nos dizer nem mesmo se existiam crianças nessa condição aqui em Curitiba. Então nós fomos buscar informações na internet e descobrimos um livro que se chama *Adoção positiva*, da jornalista Daiane Carvalho. No livro ela conta sobre esse tipo de adoção e sobre as instituições que existem na capital paranaense que abrigam crianças portadoras de HIV: a Associação Paranaense Alegria de Viver (APAV) e a Associação Curitibana dos Órfãos da Aids (ACOA). A partir dessas informações resolvemos visitar essas organizações, e foi em uma delas que conhecemos quatro meninas portadoras de HIV, com quatro, oito, dez e 13 anos. Não eram irmãs, mas estavam no abrigo desde que nasceram e nunca tinham entrado na fila de adoção.

Mas vocês não se preocuparam em como seria conviver com crianças portadoras de HIV?

A criança portadora de HIV é como qualquer outra. Por enquanto não existe cura, mas com tantas pesquisas, com o avanço da medicina, no meu coração eu tenho fé que Deus ainda vai permitir uma solução, talvez até na própria decodificação do genoma humano. Isso tudo vai abrir a perspectiva de uma vacina que permita uma vida extremamente comum. Enquanto isso, hoje, com o uso do coquetel anti-HIV, as crianças mantêm uma vida normal. Eu convivi com as meninas por quatro meses e a gente percebeu que elas são crianças normais. Crianças que esperam ter uma família.

Como vocês se sentiram ao conviver com essas meninas?

Nós entendemos definitivamente que o abrigamento, como o próprio estatuto da criança e do adolescente prevê, não poderia ser superior a dois anos, porque um abrigo não tem condições de dar a uma criança o apoio afetivo e o desenvolvimento de que ela precisa. Nenhuma criança abrigada é feliz. Nós não temos noção de como é triste viver anos em um abrigo, sempre com a esperança de ser adotado, de ter irmãos, de conviver na sociedade e de ter uma família, e depois atingir a idade de 18 anos e ir para a rua sozinho. É claro que não estamos falando mal dos abrigos, pelo contrário: o papel dessas instituições é fundamental, *sine qua non*. Mas é provisório. Eu tenho o depoimento de uma pessoa maravilhosa — a Maria Rita Teixeira, presidente da APAV — que diz isso: ela ama profundamente todas as crianças que passaram por lá, mas nunca teria condições de suprir a necessidade individual e psicológica de cada uma. Hoje ela ainda abriga jovens que estão lá desde a primeira infância e não tem coragem de mandá-los embora, mesmo já tendo 18 ou 19 anos. Porque eles têm uma dificuldade enorme de se inserirem na sociedade, sem contar o preconceito. As pessoas ainda têm medo. Elas não sabem que o HIV não é transmitido pela convivência, pelo carinho, pelo beijo.

Bom, mas voltando ao MONACI...

Pois é, o MONACI nasceu desse desejo. Nós queríamos adotar aquelas meninas. Entramos na fila em agosto, e em dezembro nosso processo ainda não tinha sido analisado pela Vara da Infância. As meninas estavam desesperadas. A gente as levava para a instituição e elas choravam. É lógico: elas tinham nosso amor, nosso afeto, mas precisavam retornar para o abrigo. Como eu iria explicar para essas meninas que não era escolha nossa? Mas o sistema funciona assim.

Mas vocês tinham todas as condições? O que aconteceu?

Todas as condições. Ficamos indignados porque tínhamos certeza de que iríamos tê-las conosco, já havíamos construído uma relação. Quando não fomos sequer recebidos pela juíza da vara responsável, entramos em desespero e resolvemos criar o movimento como uma forma de brigar, não só pela adoção das quatro garotas, mas como meio de lutar por todas as crianças abrigadas no país inteiro. O MONACI nasceu a partir dessa indignação. Abrimos um fórum, um canal de debate sobre essas questões. Infelizmente o pretendente à adoção tem um papel muito restrito no processo, não está em uma posição de direitos, tem que ficar submisso ao que vem de cima. Ele não pode questionar a demora do processo de habilitação. Aliás, ele é questionado, principalmente em relação ao perfil, minuciosamente, mas repito, isso não é errado, o problema não é o questionamento. Inclusive, por meio do MONACI nós começamos a desmistificar os motivos por que as adoções no Brasil são tão complicadas. Qualquer autoridade pública vai dizer que a causa disso é basicamente o perfil do pretendente. É claro não estamos tapando o sol com a peneira e dizendo que essa dificuldade não existe, porque não é verdade. O pretendente muitas vezes quer uma criança recém-nascida ou de até dois anos de idade. Mas, se nós fizéssemos um trabalho educacional — porque infelizmente a educação no sentido geral, cultural, está abandonada —, então teríamos muito mais casais querendo adotar crianças especiais.

Mas então? Há demanda? Há pretendentes para essas crianças especiais?

Hoje, segundo as estatísticas — ou seja, estamos falando de números —, houve uma mudança no perfil dos pretendentes no cadastro nacional de adoção em até quarenta por cento. Quarenta por cento dos pretendentes aceitam as adoções especiais, ou seja, crianças mais velhas, portadoras de alguma limitação e com alguma doença crônica. Não podemos apontar somente essa razão, dizendo que as adoções especiais não ocorrem por falta de pretendentes, pois hoje há, sim, quem queira adotar essas crianças. A situação da criança abrigada é muito grave. A intenção do MONACI é alertar sobre a realidade dessas crianças, combater a violência, a desigualdade social. A visão que nós temos é que as crianças estão sendo bem atendidas dentro dos abrigos e, às vezes, não é verdade. Existem abrigos e abrigos.

E aí o MONACI surgiu desse olhar? Como um grito de socorro para essas crianças?

Sim, e é bacana porque estamos dando passos relevantes. Conseguimos que o Ministério Público atue um pouco mais na área da infância e estamos pensando em entrar com uma ação civil pública, porque as crianças que não entraram na fila de adoção tiveram seus direitos básicos violados. Existe um preconceito do poder judiciário, que supõe que ninguém vai querer aquelas crianças (como mencionamos anteriormente) e não as coloca na fila de adoção. E nossa luta por meio do MONACI é mostrar que toda criança tem o direito de ter um lar, ela não pode ficar abrigada sem antes entrar na fila de adoção e receber número de processo... Cabe ao poder judiciário, atuando com outros órgãos — não só o ministério público, mas as entidades sociais e grupos de adoção espalhados por todo o Brasil —, tentar fazer com que essa criança seja adotada por meio de um processo rigoroso e afinado. Se a criança não for adotada, aí sim o Estado poderá dizer que é inadotável, mas ela não pode ser considerada inadotável por preconceito.

Vamos retomar a sua história.

Perdemos o direito de visitar as meninas. Em setembro de 2011, foi pedido que nosso nome fosse retirado do cadastro nacional, ainda que já estivéssemos vinculados a elas, mas imaginando que não teríamos sucesso nesse caminho. Nós fomos ao Rio de Janeiro e conseguimos a guarda imediata dos irmãos Daniele e Mateus, que estavam aptos à adoção. Eram duas adoções especiais tardias — um menino de 14 anos, o Mateus, e a Daniele, de dez —, especial e inter-racial, duas crianças negras lindas. Superadaptados, com desafios, é claro, afinal eles também fazem parte desta realidade e passaram sete anos abrigados. Mas nada que não possa ser superado com o amor e dedicação que damos aos dois.

Vocês conseguiram resolver a questão de vocês, mas o movimento segue?

Hoje ele tem uma finalidade muito maior, que é lutar pelas crianças que ainda estão abrigadas por todo o país e dar a elas a oportunidade de conseguir uma família.

O Alberto, seu esposo, e o restante da sua família também abraçaram a causa?

Sim, a família toda. Graças a Deus temos aí mais de 90 mil acessos no MONACI, então está provado que é uma causa que merecia ser debatida. Muitas lágrimas foram derramadas por não podermos estar com as meninas. Porém, os amigos nos dizem que, se tivéssemos conseguido a adoção, o MONACI não teria nascido.

O movimento nasceu da nossa dificuldade e já contribuiu muito: as adoções em Curitiba tiveram um aumento significativo nos meses subsequentes ao surgimento do movimento em razão do trabalho que fazemos. E não foi só em Curitiba, porque o MONACI atingiu um âmbito nacional e foi destaque em revistas de grande circulação. Nós temos uma letargia em relação a essas questões, uma demora, uma sonolência injustificável. Aliás, nós deveríamos colocar os excelentíssimos em uma instituição por uma semana para sentirem se lá é bom, para verem sua individualidade não ser respeitada. A dra. Lígia Weber, pós-doutora na área e um dos grandes arautos das crianças abrigadas, conta que o desejo de estudar a questão da adoção e da criança abrigada segundo a psicologia surgiu quando ela visitou um abrigo. As crianças estavam recebendo aquela vacina por pistola e saíam sem ter um braço amigo para poder chorar a sua dor. Era cada uma por si. Ali nasceu o desejo de estudar essa questão e lutar por elas.

E é importante dizer que a adoção não é a nossa única opção: existe o apadrinhamento afetivo, principalmente para as crianças que estão com dez, 12 ou 14 anos. Nós sabemos que nem todas as pessoas têm condições de adotar, mas sempre podemos dar o nosso amor, o nosso sentimento. Apresente-se à vara e se proponha a ser um padrinho afetivo. Você pode visitar a criança, ela pode passar um final de semana na sua casa, você pode proporcionar férias, e, se houver como ajudá-la financeiramente, é possível pagar um curso e orientá-la quando ela sair do abrigo. Muitas vezes esses jovens saem da instituição sem referência. E não podemos nos esquecer do que Jesus diz: "Vinde a mim as criancinhas." Ao mesmo tempo é um alerta a nós, cristãos, independente da denominação, de que temos que sair da fala, que não constrói ou constrói muito pouco, e efetivamente modificar a estrutura da sociedade. A criança é muito importante para a construção do futuro.

Você se sente realizada?

Muito.

E seus filhos biológicos?

Eles sempre fizeram trabalhos voluntários. Convivem todos juntos, apaixonados, como irmãos. Nós temos que tratar um filho do coração da mesma forma que você trata o biológico. Na hora da cobrança, do limite, é tudo igual. Não os tratamos como coitadinhos. E eles sabem que o amor é uma coisa contagiante. O maior medo da criança abrigada é ser abandonada, então o papel da família substituta é demonstrar para ela que jamais vai ser abandonada.

E as meninas?

Uma delas, a mais nova, foi adotada por causa do MONACI. Sofremos muito quando soubemos da adoção, mas jamais colocaríamos qualquer objeção. Tenho maior admiração pela família, que provou que é possível adotar uma criança com HIV. A legislação foi alterada de modo que a adoção de crianças tardias e portadoras de doenças crônicas seja feita de forma prioritária. É lei. Temos um instrumento a mais para o poder judiciário cumprir a lei. Fizemos isso pelos novos pretendentes.

É importante que se reflita. Nosso trabalho é educacional, de despertar nas pessoas o desejo de pensar na criança abrigada, seja por meio do apadrinhamento afetivo, seja por meio da adoção. Você vai conhecendo a criança e percebe que seus limites não são tão estreitos assim.

E o medo que às vezes perdura? Qual a origem? De onde veio? Qual sangue que corre nas veias?

No momento que Cristo estava na Cruz e viu sua mãe chorando e disse a João: “Filho, eis aí a tua mãe”, e a Maria: “Mãe, eis aí o teu filho”, ele não estava dizendo que não amava a mãe. Mais uma vez a gente percebe que o amor supera, não é somente o laço biológico que vai dar certo. Cristo teve marcas profundas! Nós também temos marcas e as superamos. Situações em que filhos biológicos agridem os pais que os viram nascer, e, por outro lado, quem liga para os pais todas as noites agora que estão na terceira idade são os filhos do coração.

Outra coisa: o adotante tem que ter consciência de que se trata de um processo irreversível. A adoção não tem volta, você não pode submeter aquela criança a um novo abandono. E é preciso saber que toda educação tem desafios, que cada criança passará por dificuldades, cada uma no seu grau e com o seu entendimento das coisas. Como diz o ditado popular, nem os dedos das mãos são iguais.

Suas considerações finais.

Primeiramente sugiro que acessem o site do MONACI *promonaci.blogspot.com.br,* um canal bastante importante de debate. E também digo a você: ame, abra o seu coração para uma criança abrigada. Se você acha que pode fazer um apadrinhamento afetivo ou adotar uma criança, faça isso, sem medo, coloque em prática esta poesia da grande artista paranaense Helena Kolody: "Concede-me, Senhor, a graça de ser boa, de ser o coração singelo que perdoa, a mão solícita que espalha sem medidas estrelas pelas noites e tira da alma alheia o espinho que magoa."

CAPÍTULO 3

PRIMEIRA INFÂNCIA

Por que toda criança tem o direito de ser feliz

Meu filho amado... Você veio quase sem avisar, mas a notícia da sua chegada mudou tudo e tudo teve um novo jeito de ser.

Que alegria imensurável sentir você se mexendo, ora para a esquerda, ora para a direita.

O milagre de Deus dentro de mim. O presente de Deus fazendo milagres na minha vida. Trazendo todas as cores ao que se encontrava cinza.

E você nasceu!

Como explicar? Como encontrar a canção perfeita para traduzir o seu nascimento?

Que nada, na verdade você não queria saber de músicas, você queria era ser amamentado. E eis o gesto de amor mais nobre que pude experimentar.

E a cada dia tem sido assim, sempre uma nova descoberta.

Você me faz crescer, reviver datas que outrora pareciam ter ficado para trás, contigo volto a ser criança, e quando você pede uma história antes de dormir, fica claro como você confia em mim.

Confesso que chego a ficar com medo, afinal a responsabilidade de amar um filho significa muito afeto, beijos, abraços, limites, testemunho de vida a cada momento.

Pego-me a pensar: vou conseguir? E aí rezo, agradeço, agradeço e agradeço pela graça de ver meu menino correr pela casa, andar de bicicleta, ser feliz, ser criança.

Peço a Deus que dia após dia me ajude, me ensine a respeitar e a amar o tesouro maior que é o meu filho.

Entrevista com Rosane Maria Micheleto — professora, pedagoga, especialista em psicopedagogia.

Lúcia: Qual é a faixa de idade considerada como primeira infância?

Rosane: Considera-se que a primeira infância vai de zero a seis anos. É um período crucial no desenvolvimento mental, emocional e social do indivíduo. É até os seis anos de idade que as estruturas físicas e intelectuais de crescimento e aprendizagem emergem e começam a estabelecer suas fundações para o resto da vida da pessoa. As estruturas seguem alguns estágios de desenvolvimento que não acontecem de maneira linear e rígida. Pode-se afirmar que os primeiros três anos de vida são fundamentais para que a criança tenha uma vida saudável e possa se desenvolver plenamente. Do nascimento aos 12 primeiros meses de idade, as crianças necessitam de cuidados específicos como proteção, alimentação adequada, medidas de saúde (como vacinação e higiene), estimulação sensorial e o amor dos pais ou dos cuidadores ativos. Até os três anos, as crianças adquirem habilidades motoras e cognitivas, linguagem e ainda aprendem a ter autocontrole e independência, por meio da experimentação e de brincadeiras.

Já entre os três e os seis anos, as crianças aperfeiçoam suas habilidades motoras, aprimoram sua linguagem, desenvolvem sua sociabilidade e iniciam a aprendizagem da leitura e da escrita. De maneira geral, afirma-se que mais da metade do potencial intelectual infantil já está estabelecido aos quatro anos de idade. Porém, as experiências de crescimento e desenvolvimento das crianças na primeira infância variam de acordo com características individuais, gênero, condições de vida, organização familiar, cuidados proporcionados e sistemas educacionais.[1]

Parece óbvio: toda criança deve ter o direito de brincar, mas há a sensação de que a sociedade atual limita um pouco esse direito. Você concorda? Qual sua opinião?

Hoje, o brincar é coisa séria! É necessário ensinar nossas crianças a brincar. Brincadeiras de nosso tempo. O que se percebe é que no recreio, por exemplo, as crianças correm, sobem as grades dos portões, se batem, uma agitação que não deixa de ser reflexo dessa agitação da sociedade. É preciso construir o brinquedo, valorizar esta construção... Hoje tudo já está pronto. Tudo é instantâneo, prazer imediato, e logo perde a graça. Um espaço do ser criança, do brincar, no sentido de se relacionar, conviver, socializar, descobrir, experimentar, é que me parece que está sendo roubado.

É tudo muito metódico. Nos CMEIs[2] ou nas creches, tem hora para tudo. Há uma agenda a cumprir; nesse sentido, parece que foi tirado esse direito de ser criança. Onde fica a espontaneidade?

Tem que haver responsabilidades sem gerar estresse. É preciso pensar na criança como um sujeito em desenvolvimento e nesse brincar — o faz de conta — como a experiência dos papéis sociais. Como a criação dos espaços de criatividade. O que se perdeu foi o sentido das coisas, o ser criança para muitas é negado pela situação social e econômica, por pais que precisam trabalhar e não têm tempo de conviver com os filhos. O que a criança pede é a presença, não o presente. Podemos dizer que os presentes são dados para suprir a ausência

---

[1] Unicef, 2005.

[2] Centros Municipais de Educação Infantil.

desse pai e dessa mãe. Mas, no fundo, o que as crianças querem é a atenção do adulto.

A primeira sociedade é a família. Como então apresentar uma "sociedade especial" aos nossos pequenos?

É na família que se estabelecem as primeiras relações. Eu diria que é na família que se aprende como alcançar uma sociedade mais afetuosa, justa e amorosa. A família é o modelo a ser copiado, mas hoje a realidade da estrutura familiar é bem diversificada. Família hoje é com quem moramos e convivemos. Até ouvi esses dias atrás: "É com quem dividimos a chave da casa." Quem são os cuidadores dessa criança? Eles são a referência, e aqui me refiro aos educadores dos CMEIs e pré-escolas, aos avós...

Desde muito cedo, com três meses, essa criança passa a se relacionar com outras pessoas, que têm valores, crenças e culturas diferentes. E elas precisam lidar também com esse universo de diferentes famílias. É uma nova geração de crianças muito estimuladas, visual e auditivamente. Com muito material diversificado. E muitos pais não acompanham esse ritmo de mudança, um desenvolvimento que acontece muito rápido com os filhos, desde muito cedo na internet, na TV, no videogame etc. Um contato muito precoce com a tecnologia. Nossas crianças de até seis anos são fruto desse sistema globalizado, com tudo o que acontece em nossa volta.

Acredito ser de fundamental importância os pais ou responsáveis dedicarem um tempo à relação entre pais e filhos. Seja para saber como a criança foi na creche/escola, o que fez, do que gostou, o que aconteceu etc. É a qualidade do tempo que é dedicado que vai fazer toda a diferença. É estar por inteiro nessa relação, estabelecer um vínculo desde cedo. Pais que não sentam e não escutam os filhos desde a tenra idade não vão querer sentar com eles aos 14 anos para ter aquela conversa sobre a vida... Penso que, se quisermos uma sociedade com valores e princípios cristãos, precisamos urgentemente nos responsabilizar por essa tarefa desde muito cedo.

Que todos se preocupem e se envolvam com essa questão. A Igreja enquanto infância missionária, num trabalho efetivo com as famílias, em parceria com as escolas e creches, com toda a comunidade organizada em seus conselhos tutelares, grupos que pensam em uma sociedade que pode ser transformada, começando por você.

Em todas as idades, devemos nos preocupar com a educação dos filhos, porém é na primeira infância que devemos ter uma atenção maior. Por quê?

Nessa faixa de idade, a criança absorve tudo. A criança aprende pelo exemplo: aprende a rezar, a bater, a demonstrar afeto, as atitudes e boas maneiras.

É nessa fase que se forma a personalidade. Por isso é importante crescer num ambiente educativo, favorável em todos os aspectos com valores morais, cristãos, regras claras e coerentes, a verdade e a transparência nas relações.

Aos sete anos, a criança entra numa fase de latência. Nessa fase, os porquês se acalmam; e entrando na fase da alfabetização, do aprender formal, escolar, suas energias estão focadas em receber muitas outras informações.

Quais brincadeiras são indicadas para estimular o desenvolvimento das crianças?

O faz de conta e os jogos interativos são de fundamental importância e são os mais indicados, na minha percepção.

Toda aprendizagem passa pelo corpo. A criança precisa experimentar o máximo da música, de cantigas de roda, rimas, a hora da história. Isso ajuda a desenvolver e a ampliar o vocabulário. Aquele brinquedo chamado Lego ainda é um dos meus preferidos e estimula a criatividade, a construção espontânea, a imaginação.

E quanto a quem não tem? Sucatas bem limpinhas, para

construir com elas o que queremos, são um recurso fantástico. O mais importante é o processo dessa construção, dessa interação durante a brincadeira. O dominó, o quebra-cabeça, a cantiga de roda... Pois é nas relações que se aprende a perder, a ganhar, a lidar com o não, com as frustrações, com os sentimentos.

O mais importante é pensar que tipo de filho(a), que criança nós queremos formar e educar: solidário, que sabe repartir; amoroso, afetuoso, com valores bem-estruturados; autônomo e responsável? Deixe que ele faça o que dá conta, dentro de suas possibilidades.

E a palavra "limite"?

Como professora, pedagoga e psicopedagoga, penso que limite se estabelece desde a barriga da mãe. Trabalhar com o não, para os pais, é muito complicado. As crianças testam o tempo todo. O que não pode acontecer é essa postura de oscilação dos pais — ora pode, ora não pode. Sim é sim. Não é não. É preciso manter-se firme, por isso os adultos precisam ter clareza dos efeitos e consequências dessa ambivalência. Ela gera um conflito interno. Muitas vezes as crianças aprontam tanto, desafiam, enfrentam, mas o que estão pedindo é limite: segure-me! Elas precisam de postura firme, mas terna, pois quem ama, educa, já dizia Içami Tiba. Ser firme, estabelecer regras e combinados, os castigos coerentes, como tirar o que mais gosta, deixar dois minutos pensando no que fez, sem pena, isso ajuda a experimentar esse sentimento e dar limites. Outra questão séria: *nunca* prometa o que não pode cumprir — seu filho pode perder a confiança em você.

A partir de qual idade a criança já entende esse limite?

Limitar é estabelecer as regras. É dar significado às coisas certas e às erradas. Desde cedo, a criança entende e compreende muito bem a dinâmica familiar. Por exemplo: acordar no meio da noite para amamentar. É o adulto que estabelece esse limite, o funcionamento e a dinâmica da família.

Percebemos que há muita falta de diálogo entre todos os membros das famílias. O diálogo deve ser estimulado desde a primeira infância? Na prática, sobre o que conversar?

Essa relação de diálogo se estabelece desde a gestação. É um hábito, uma prática, um exercício que se aprende. Quanto antes os adultos criarem o hábito de ouvir e ser ouvido, organizar esse tempo da família, no decorrer da idade, será normal e necessário ter esses momentos de "mesa-redonda". Através desse diálogo, desde cedo você conhece e estabelece uma relação de confiança.

O que significa "saber" aproveitar bem os poucos momentos que temos com os filhos pequenos?

É o mais importante e o que sempre digo aos pais: é a qualidade desse tempo. É uma questão de organização e de prioridades. Essa fase passa. Se você dedicar um tempo agora, ganhará mais tarde. Invista nessas relações para construir a confiança; discuta sobre tudo o que veem na TV. Nos grupos de família, troquem experiências; nas rodas de conversa, ajudem-se na difícil tarefa de educar nos dias de hoje.

A criança imita os adultos. Há pais que não se importam com isso?

Prefiro dizer que não é bem assim; é que hoje a vida exige demais dos pais.

Não se pode ignorar as consequências e o fato de que as atitudes dos adultos interferem significativamente — não ter a consciência de que tudo o que o adulto faz é imitado pelos pequenos (fumar, brigar, xingar, brincar de matar), tanto os aspectos negativos quanto os positivos —, porque eles estão atentos a tudo. E, para os comportamentos negativos, basta observarem uma vez. Eles aprendem com muita facilidade.

Precisamos é de um bom projeto de Escola de Pais, grupo de famílias, na pastoral familiar. Planejem a partir dessa realidade da primeira infância e de suas consequências, pois filhos não vêm com manual de instruções. Os pais precisam ser acolhidos e instruídos, informados sobre essas questões. Toda atitude, toda fala e todo gesto são copiados pelos filhos. Aprendemos pelo exemplo e pela repetição. Dizem que a fala convence, mas o exemplo arrasta, para o bem ou para o mal.

Como punir um filho de maneira saudável?

Tem a ver com os combinados, com a criança e com os adultos entre si; o casal precisa mostrar quem é que manda. Quem está no comando.

E hoje há muitas divergências sobre como conduzir as coisas dentro da própria família. Há muitos avós fazendo o papel paterno. Puna com um castigo combinado. Tire o que a criança mais gosta, busque a ajuda de profissionais da educação, da psicologia, da psicopedagogia. Tudo tem que ser contextualizado. O que dá certo para uma situação pode não funcionar para outra semelhante.

O que fazer com as birras?

Na birra, a criança está expressando o seu jeito para ganhar algo. Ela testa o adulto, mas mostrar e definir quem manda é fundamental. É preciso firmeza com ternura. Não é não e vai continuar sendo não. Não podemos mudar nossa fala e postura, ou vamos passar vergonha. Muitas vezes a criança faz birra na frente dos outros. Esse é um tema também para rodas de conversa entre pais, um exercício que pode acontecer nas creches ou via pastoral familiar.

Como ensinar os pequenos a se tornarem responsáveis?

Com tarefas das quais eles possam dar conta. Deixe que façam; autonomia é algo que se constrói. Ser responsável e juntar os brinquedos, guardar seus pertences no lugar combinado. Não lhes dar essa oportunidade, por causa da nossa pressa, é algo que deve ser repensado.

Outras sugestões: alimentar-se sozinho, trocar de roupa, tomar banho, pendurar a toalha no varal, arrumar a caixa de brinquedos, acordar cedo para ir para a creche, arrumar a mochila, arrumar a mesa, colocar o prato na pia. São pequenas coisas, mas de grande valia nesse processo de desenvolvimento da responsabilidade e da autonomia. Os adultos podem e devem acreditar na capacidade de suas crianças. Que elas sejam independentes nesse fazer, e que no processo também desenvolvam a confiança em si mesmas. Que se sintam capazes, produtivas.

CAPÍTULO 4

ADOLESCÊNCIA

Uma fase que merece atenção

Esta é a minha idade. Idade da descoberta, das interrogações. Idade linda, fase mágica, essa adolescência. Por isso, queridos pais, fiquem tranquilos, acalmem seus corações.

Claro, há filhos que vão abandonar o lar nessa idade, ou talvez até fiquem por perto, mas ao mesmo tempo muito longe. Outros vão embora e não vão mais retornar. Tudo depende de como vocês, pais, vão nos ver e nos envolver.

Não somos rebeldes. Estamos em busca de respostas, de confirmação de identidade... Somos também meninos e meninas que fazem parte de um grupo social que está a espera de oportunidades. Somos os mais sonhadores de todos — ah, como sonhamos e fazemos planos...

Precisamos do carinho, da atenção, da compreensão, do amor incalculável e intransferível de você, pai, de você, mãe... Precisamos do exemplo de cada um, da firmeza e da sutileza dos nossos pais. Precisamos de abraços e amigos...

Por falar em amigos, não se preocupem. Confiem em nós, porque sabemos escolher nossos amigos, e eles são mais do que fundamentais.

E confiem em nós porque, desde os primeiros passos, vocês já nos ensinaram tudo sobre o amor: o amor pela vida, pela família, pelos sonhos... Já estamos revestidos de amor.

Então agora basta confiar!

Entrevista com Jeferson Carvalho — psicólogo especialista em psicologia analítica e terapia de casais, integrante do movimento do TLC (Treinamento de Liderança Cristã) de Curitiba.

Lúcia: O que é adolescência?

Jeferson: Vamos lá. Adolescência me parece um período de transição entre a infância e o término da infância; entre a infância e a juventude. É a passagem de uma situação para outra; são etapas bem distintas. A adolescência começa com a puberdade. E o que é puberdade? Vem de "púbere", fase em que começam a ocorrer algumas transformações físicas, psicológicas e também comportamentais, mas as mais evidentes são as físicas, nas meninas em geral em torno de nove ou dez anos e, nos meninos, um pouco mais tarde, aos dez ou 11 anos.

Qual a idade que marca a adolescência?

Essa é uma questão difícil. Não há um marcador biológico, até porque a adolescência enquanto fenômeno é uma coisa nova. Até alguns anos atrás não tínhamos essa visão do que é o adolescente. Se pegarmos uma fotografia antiga, veremos que as crianças estão vestidas com miniaturas de roupas de adultos; eram adultos em miniatura. E, quando a menina ficava menina-mulher, passava a ser vista como adulta. É uma transição de um estado para o outro. Agora, existem estados da adolescência que se prolongam de uma forma interminável. Temos aí os fenômenos "adultolescentes", que são aqueles com trinta ou 35 anos e que continuam na barra da saia da mãe. Querem que as mães cozinhem, arrumem, passem etc.

Existe um jeito certo de fazer essa passagem?

É uma luta para os pais e para o adolescente. Eu diria que os pais precisam se preparar bem mais para aceitar e compreender os filhos adolescentes do que o contrário, porque o crescimento do jovem é natural. A vida nos apresenta o seguinte fenômeno: somos criados numa situação de completa dependência, nascemos dependentes, passamos a participar de uma cultura com a educação de casa, da igreja, da escola, num processo de heteronomia ("hetero" significa outro, e "nomia", lei). A lei vem dos outros. Então caminhamos para um processo de autonomia — "auto", si mesmo, autossuficiência. Eu sou governado por mim. Ora, os pais necessariamente precisam entender esse processo no qual a criança deixa de ser dependente deles, e é onde entra a questão do adolescente, que passa a olhar para o mundo em busca da sua autonomia. Muitos pais fazem o processo na direção contrária, não permitindo a autonomia dos filhos adolescentes. Isso muitas vezes prolonga essa fase até a "adultolescência". O segredo da adolescência é buscar autonomia.

Para isso é preciso que os pais os deixem "livres"?

Exatamente. Mas livres do quê? Livres de uma tutela superprotetora. Se os pais são superprotetores, não permitem que os filhos cresçam, e aí você encontra pessoas com quarenta anos de idade pedindo a proteção da mamãe.

Nessa fase, o que é imprescindível, então?

Vamos considerar o seguinte: até o final da infância, a criança tem como modelo os pais, os tios, os avós, o seu núcleo familiar, aqueles que convivem mais de perto, que exemplificam a função masculina, feminina, que dão essa fundamentação. Esses são os modelos importantes. Quando você entra na puberdade, na adolescência, começa a haver uma troca de modelos, por isso o adolescente tem suas tribos e seus heróis, por isso no quarto há fotos de cantores, atores etc. Porque eles precisam de outros modelos. Essa transição é importante, pois é uma abertura para a cultura, para o mundo. Nesse ponto, os pais funcionam como um elemento mediador, dando permissão ou não, com atenção moderada, cuidadosa, disciplinadora, mas não repressora, estabelecendo o "não pode", "não deixo", "não vai". Ele é regulador, na medida em que a educação e a discussão em torno dos valores importantes da vida vão estabelecendo a base, porque a adolescência também é um tempo de reafirmação dos valores. Quando eles existem, é claro!

Por que há pais que reclamam tanto dos filhos adolescentes enquanto outros nem se incomodam?

É um assunto ainda mais amplo. Por que algumas mães reclamam dos seus filhos de cinco anos que se jogam no chão do supermercado?

Acontece que o grau de suportabilidade desses pais é pequeno. O grau de suportabilidade deles, para conseguir lidar com a oposição, com o confronto, com a impossibilidade de negociar, certa inabilidade, faz com que não consigam lidar com os filhos.

Há pais que perdem o controle?

Há pais que perdem o controle com crianças de quatro, cinco anos, ainda mais com o adolescente. O adolescente olha no rosto deles e os confronta.

O exemplo e a conduta dos pais continuam valendo também nesse período?

Sim, os pais são importantíssimos. Onde aprendemos a ser o que somos? Com os pais ou com aqueles que fazem o papel deles. Então os pais são os modelos, e modelos que permanecem, em especial nessa fase que traz uma inadequação total, porque o jovem se transforma fisicamente, a voz se altera, o rosto fica cheio de espinhas, há um crescimento desproporcional. O adolescente se sente inadequado e é bombardeado por uma profusão de hormônios. Sabe aquele adolescente que de repente se tranca no quarto? Que não quer falar com ninguém? Nem ele sabe o que está acontecendo.

É importante que os pais percebam isso?

Sem dúvida. Os pais questionam: aquele menino não quer falar... O que está acontecendo? E dali a pouco ele sai beijando e abraçando todo mundo. Os adolescentes mudam da água para o vinho. É um momento de inadequação danada.

Há pais que têm medo quando os filhos estão "na rua". O que fazer?

O adolescente não sai de casa para ficar sozinho. O que é estar num grupo para um adolescente? Quando tenho medo de alguma coisa, é porque tenho medo do desconhecido. A melhor forma de lidar com isso é conhecer as razões do meu medo e por que ele existe. O medo do adulto tem a ver com o jovem, com o adolescente. E, para lidar com isso, é preciso saber onde esse adolescente está; provavelmente com um grupo de amigos. Vamos tentar falar um pouco disso.

Ora, o ser humano é um ser gregário, ele não vive só, e isso desde o início da humanidade, quando Deus criou Adão e Eva. Quando crescemos, nós vamos crescendo em grupo também, com os amigos, com a família. Há uma necessidade de ampliar meus horizontes. Na adolescência preciso me inserir em outros círculos... Não vou passar a vida toda dentro da família. Essa saída para a "rua" já é um pequeno ensaio para isso. O que eu preciso saber como pai e mãe é: o grupo do qual meu filho está participando é saudável? Que valores possui?

Como fazer isso?

Conversando. E eu penso que a melhor forma de conversar é falar a verdade. Dizer: eu estou preocupado com isso, gostaria de saber sobre aquilo. Você tem amigos? Quem são? Nossa casa está aberta para trazê-los aqui. E recebê-los de verdade, acolher os amigos. Antigamente, no meu grupo de jovens, minha mãe fazia café, bolo, e era uma delícia. Então, quando eu saía, a mãe sabia onde eu estava e com quem. O adolescente, via de regra, está em xeque. No primeiro momento supõe-se que ele sempre está mentindo. Sem dúvida falta diálogo, um falando e o outro ouvindo e compreendendo, ou seja, ouvindo com profundidade e respeito: "Eu sei que você tem o direito de dizer o que está dizendo, e eu estou tentando compreendê-lo." Quando isso acontece, fica clara a nossa cumplicidade, e a partir daí surge uma relação com menos desconfiança, menos acusações. É um cuidar sem invadir, em que você vai apascentando, vai mostrando os caminhos e vai acolhendo aquilo que aparece, porque o adolescente tem problemas, traz problemas.

O adolescente entre 12 e 14 anos está inseguro. Ele acha que não vai arrumar namorado(a), que é o(a) mais feio(a)... E, se o adolescente não for compreendido no seio do seu lar, com a sua família nesse momento difícil de transição por que está passando, vai ser compreendido por quem? Pelos grupos que estão nas ruas. Daí as tribos urbanas que vão compreender e acolher esse jovem.

Mas o grupo é importante?

A adolescência também é processo de reafirmação de identidade. Ele vai estar onde se identificar para poder se formar, se solidificar nessa idade.

Os pais podem apontar essas tribos?

"Apontar" é um termo que causa um pouco de temor. Mas eu diria que os grupos nos quais a inserção se dará são resultado da vida familiar. Vamos falar disso, então, porque a estruturação do jovem se dá com três aspectos bem básicos. Primeiro, núcleo familiar; segundo, núcleo formativo, “formal”; e terceiro, via religiosa, se inserindo em grupos de jovens, comunidade, catequese. Por quê? Porque essas três “pernas” vão desenvolver no cidadão os três aspectos fundamentais do ser humano. Todo aquele que tem esses três aspectos desenvolvidos vai estar bem na vida, porque está equilibrado.

As famílias se pautam por esses três aspectos?

É uma grande pergunta. Os pais estão preocupados com isso? Levam os filhos à catequese? Às vezes começamos a exigir coisas que nós mesmos não damos. Esses três aspectos são fundamentais.

E a rebeldia? Todo adolescente é rebelde?

Não. A rebeldia é o modo como uma questão se apresenta, é um jeito de não concordar. A gente passa a vida inteira fazendo isso. Só que o adolescente tem um jeito mais explícito, mais cru, mais objetivo.

É a geração Y?

A geração Y é a conectada. Conectada com o mundo, mas muitas vezes distante. Você pode cercar o ser humano com toda a tecnologia, e ainda assim aquele ser humano quer ser amado e acolhido. Nós tivemos aí nos últimos cem anos uma revolução tecnológica, mas a estrutura do homem tem milênios e pede que ele seja acolhido e desenvolvido no amor e na compreensão.

E quando os filhos se tornam agressivos? O que fazer?

Essa agressividade que alguns adolescentes apresentam não aparece de repente. É um comportamento de repetição. Apenas quando eram crianças havia certo controle; quando estão maiores, desenvolvem certa autonomia, e abre-se a comporta. Já ouviu falar que quando um não quer dois não brigam? Diante da agressividade dos jovens, o adulto não deve ser agressivo. Não responda na mesma moeda — pelo contrário, deixe que ele se esvazie, por assim dizer, oferecendo carinho e compreensão. Se nós, pais, encontramos dificuldade em ter essa compreensão, procuremos ajuda de um profissional. Existem inúmeros nas comunidades, remunerados ou não, que podem ajudar, dar algumas dicas. Procurem ajuda, porque ela existe.

E quando a agressividade entra na relação?

Nessa situação, o adolescente está querendo chamar atenção. É um pedido de ajuda, um pedido por limites. Só não vá fazer uso da violência.

E o que significa colocar limites nessa idade?

Nesses dias, eu estava com uma mãe e com uma menina de 15 anos. E a mãe dizia: "Eu estou com uma dificuldade, Jeferson. Essa menina quer ir a um show de um grupo de pagode." "E qual o problema?", perguntei. "O problema é que começa à meia-noite. Se fosse sua filha, o que você faria?" "Bom, se fosse minha filha, eu não deixaria." "E não deixaria por quê?" "Porque é meia-noite, não é hora de adolescente estar na rua. Por mais cabeça-feita que seja, vai estar exposta ao perigo, talvez com uma grande possibilidade de contato com as drogas, com o álcool de uma forma mais acentuada. Por mais que não queiram, vão estar expostos ao perigo, e quanto mais oportunidades desse tipo são criadas, mais fácil fica para se fazer aderência." Na prática, é isso. É dizer não quando tem que dizer não. É preciso dizer não e explicar o porquê. Os pais de hoje muitas vezes ou dizem não de uma forma bruta, proíbem e não abrem um diálogo, ou deixam de dizer não com medo de perder o amor dos filhos. E isso causa consequências terríveis.

Cria-se um clima de permissividade. Isso não começa na adolescência, na infância, quando os filhos vencem pelo cansaço, e vão continuar vencendo lá na frente... É uma repetição de comportamentos.

A estatística mostra que é nessa fase que os adolescentes provam as drogas pela primeira vez.

Vale a pena ressaltar todo o perigo que existe aí. Dizem que a porta para a entrada das drogas é o álcool, e é verdade. É exatamente nessa fase que o jovem é tomado por esse desejo de estar fora, em grupos diferentes, tribos diferentes, e que surge a possibilidade de acesso às drogas. Começa pelas bebidas mais fracas, passa pela cerveja, e o jovem tem essa coisa do mito do herói, "comigo não acontece", "não dá em nada", "sou meio indestrutível". E às vezes ele acaba sendo introduzido nesse mundo perigoso. As drogas são um flagelo, desestabilizam a família inteira quando entram na vida de um adolescente. É preciso tomar muito cuidado com isso.

Podemos falar de duas coisas: primeiro, da fase de prevenção. As pesquisas mostram que, se o adolescente tem uma razoável estrutura familiar e comunitária, ligada à religião e com bom nível de informação, ele se mantém afastado das drogas. Mas nem sempre isso é possível. E quando ele entra em contato com as drogas, o que fazer? Precisamos manter o diálogo franco e acolhedor, honesto e sincero sobre os perigos, e, para que se possa falar sobre o assunto, é necessário conhecer um pouco dos efeitos, das consequências. Não basta dizer que a droga é ruim, que é coisa de marginal. Na fase de prevenção, devemos dar acolhimento e estrutura familiar. Segundo: a fase do contato. Nós vivemos em grupo, os jornais falam muito de coisas ruins, mas eu falo para você que há muitas pessoas que podem lhe dar algum suporte... Basta procurar ajuda. Procure esses grupos de apoio.

Suas considerações finais.

Queridos e queridas. Não me canso de falar: a maior herança que temos como seres humanos é a capacidade de dar afeto e amor e de compreender. Com todos os problemas pelos quais passamos, sejam eles quais forem, essas posturas ajudam a resolver sobremaneira, principalmente, quando temos em nossa mente, em nosso coração, a presença de Deus. Não um Deus qualquer, mas um Deus vivo que nos acompanha na solução dos problemas. Então, para mim, a solução de muitas questões está no amor: o amor de Deus.

CAPÍTULO 5

EDUCAÇÃO E TECNOLOGIA

Um ponto de atenção para pais e educadores

"Quando enviarem seus filhos à escola para que recebam instrução, não se esqueçam de que eles devem, obrigatoriamente, levar junto com o material escolar a educação dada a eles." — Maria Inês Delgado

Essa frase nos faz refletir sobre a importância do nosso papel de pai e mãe, papel este que se denuncia ou anuncia por meio das atitudes. Amamos os nossos filhos. É fato! Mas, diante do turbilhão de acontecimentos que nos cercam, às vezes nos perdemos e erramos a direção. Gritamos, negligenciamos, liberamos, presenteamos demais. Beijamos e abraçamos de menos. Vem o mundo com suas seduções e nos surpreende. Se não tomamos cuidado, ficamos ultrapassados diante da esperteza dos pequenos de três, quatro anos.

E o que fazer?

Quais parâmetros usar de modo que eles sejam envolvidos e estimulados pela tecnologia e ao mesmo tempo possamos dosar o tempo, o conteúdo e impor o não?

Ouço pais perdidos, confusos, desesperados até, porque perderam o controle, o que não podemos deixar acontecer jamais. É imprescindível que tenhamos a consciência de que, apesar de tanta evolução, algo que não mudou nem vai mudar com o passar das décadas é a necessidade de limites na criação e na educação dos filhos.

E aí, você pode perguntar: mas, afinal, qual o tipo de limite e qual o momento certo?

São vocês, pai e mãe, que precisam saber. São vocês que têm que se perguntar quais valores querem passar e qual herança querem deixar. E é preciso decidir, e rápido, porque o tempo passa voando, e, no final das contas, o que vai importar mesmo não são os bens materiais. Isso também é importante, mas o que vai fazer a diferença na vida dos seus filhos são os ensinamentos que vocês passarem. O amor é o maior legado.

Entrevista com Maria Inês Amaral Delgado — professora, psicopedagoga, especialista em educação especial e mestranda em psicanálise.

Lúcia: Educar sempre foi uma missão complexa. Nesta era digital, quais os maiores desafios que pais e educadores enfrentam?

Maria Inês: Educação não tem receita; é construída gradativamente, a partir do momento em que você começa a encarar os desafios que tem pela frente. Para os pais, o maior desafio é acompanhar e dar limites aos filhos, pois muitas vezes é mais cômodo deixá-los "plugados" no computador e não se incomodar. Nós vemos isso no dia a dia. Eu, por exemplo, tenho uma netinha de seis anos, que me diz: "Vovó, posso mexer no seu computador?" Se eu deixo, tenho que dar um limite de tempo para ela, preciso ver quais jogos ela está jogando, o que esses jogos estão transmitindo para aquela criança de seis anos. É muita responsabilidade. Os pais nunca podem deixar os filhos largados por comodismo.

Para o professor, isso também é um grande desafio, pois ele deixou definitivamente de ser o detentor do saber para se afirmar como um orientador, um intermediário entre o aluno e o conhecimento que a internet pode fornecer.

As crianças parecem nascer conectadas. Para acompanhá-las, os pais também precisam estar cada vez mais plugados?

É impressionante mesmo. Você até fica meio alienada de todo esse processo, o que é um desafio constante para nós, professores, e ainda mais para os pais. Então, com certeza, se os pais estiverem distantes da tecnologia, dificilmente vão poder acompanhar seus filhos e terão sérios aborrecimentos no futuro. Temos que estar muito próximos, e não podemos nos acomodar, nem pensar em deixá-los lá no computador: "Ah, eles estão quietinhos..." Isso nem pensar.

As regras em relação ao uso dos aparelhos eletrônicos devem ser impostas ou conversadas?

Sempre é melhor conversar. O que as crianças precisam é de orientação, para que possam fazer uso saudável dessas ferramentas, uma vez que elas ajudam a desenvolver a criatividade, melhorar o desenvolvimento cognitivo, sensório, motor. É o lado bom da tecnologia. O que não podemos fazer — e pecamos quando deixamos isso acontecer — é largar a criança a mercê da tecnologia, das redes sociais. Isso é muito sério.

A partir de que idade a criança já pode ter sua própria conta nas redes sociais?

Em geral se diz a partir dos 13 anos.

Teoricamente?

Apesar de não existir um consenso sobre a idade ideal, o objetivo é permitir apenas a entrada de pessoas que, mesmo que ainda sejam muito jovens, já tenham a capacidade de separar o certo do errado, fazendo escolhas baseadas nos seus valores. É papel dos pais estarem conectados e atentos, porque uma criança de apenas 13 anos pode perder muita coisa nesse mundo virtual. O mais importante é que os responsáveis fiquem de olho e monitorem os filhos, e que sigam as regras básicas estipuladas pelas redes. É muito importante termos consciência de que a criança interage de muitas formas diferentes e que isso pode ser perigoso.

Qual o tempo ideal para uma criança passar plugada por dia?

Eu conheço uma família que não ficava em casa, só trabalhava. De repente, a mãe foi chamada à escola porque o filho não estava se dedicando aos estudos. Um dia ela chegou em casa e percebeu que o menino passava a tarde toda no computador, então ela escondeu o computador no armário e trancou a porta. Um dia, chegou mais cedo e encontrou o menino no armário, junto com o computador. É então que percebemos o quanto a criança estava "viciada". Por isso temos que dar limites sempre, seja de uma ou duas horas... "Só isso, vó?" Só.

Crianças apenas fazem o que está ao seu alcance. Por isso os pais devem estar sempre presentes e prontos para orientar, indicando o que podem fazer e até quando ficar plugado.

No mundo moderno, com tantas mudanças, como o advento da internet, as redes sociais, a influência da mídia, o acesso fácil às drogas, a prática sexual precoce, a busca pela independência, enfim, as informações chegam muito cedo. Diante disso, os pais precisam se antecipar e conversar com os filhos sobre todos os assuntos?

Todos os assuntos. É preciso haver um elo de confiança entre pais e filhos, precisam estar em sintonia, caso contrário teremos problemas... É necessário, os pais precisam ultrapassar o cansaço, trabalhar isso, deixar um pouquinho de lado outras preocupações, nem que seja por cinco ou dez minutos. É importantíssimo para o desenvolvimento da criança. Cabe dizer que, por meio das novas tecnologias, podemos encontrar informação e ampliar nosso círculo de amizade, mas os jovens também precisam aprender a se proteger, pois, como no mundo real, o que você faz na internet também pode causar danos. Mais uma vez, cabe aos pais e profissionais orientá-los.

Depois das minhas conversas com várias crianças, tirei algumas conclusões: o uso cada vez mais intenso da tecnologia não é necessariamente ruim. Na verdade, pode ser bastante positivo se for bem orientado: o bom ou mau uso dependerá dessa utilização.

Há um encontro de gerações. Vivemos algo inédito na história, e a geração mais bem-informada de todos os tempos está aí. Como lidar com isso?

É verdade. Quando vemos essa geração maravilhosa — porque é uma geração linda, nós é que não estamos sabendo muito bem conduzi-la —, percebemos que ela tem muitas informações, que ela quer aprender. O que não funciona mais na escola, por exemplo, é o professor que trabalha apenas com os binômios "quadro e giz", "quadro e professor". Isso não existe mais; o professor tem que estar muito interligado com todas as redes, porque a criança já chega na escola com muitas informações sobre sua realidade. A criança está plugada cada vez mais cedo. Essa geração explora todos os recursos que estiverem ao seu alcance, incluindo, portanto, as ferramentas informatizadas. Eles são os "nativos digitais".

A partir da sua experiência com os professores, como você os tem percebido em relação a tantas mudanças?

Os professores estão cada vez mais dispostos e abertos às novas tecnologias. Não poderia ser diferente. Aquele professor que ainda trabalha com as aulas tradicionais com o quadro e giz vai ser engolido pelo aluno, pois este já vem com muitas informações do mundo que o cerca. O professor deve ser o intermediário entre o conhecimento, a tecnologia e o estudante. O modo como os professores interagem com as crianças mudou e deve continuar mudando nos próximos anos. Eles estão dispostos a isso, felizmente, apesar de uma pequena porcentagem que ainda diz: "Ah, mas no meu tempo era assim, eu alfabetizava a criança e era assim que eu ensinava..." A criança que não aprendia saía da escola; a criança que ficava aprendia sem ou apesar do professor. É o próprio aluno que vai nos orientar a partir da sua experiência, ele já vem como Vygotski diz: "Veja o que a criança sabe e a partir daí dê os seus ensinamentos." E isso é maravilhoso. É saber que a escola está integrada às novas tecnologias, linguagens e teorias e com certeza está trabalhando adequadamente, pois o mundo está mudando, e a educação também precisa mudar junto. O mundo tem passado por transformações em diversos setores, como na tecnologia, nos costumes e nas crenças, e as escolas não podem ficar para trás. Elas estão sempre dispostas a mudar, felizmente.

Qual sua opinião quanto à indisciplina?

Eu até me questiono muito sobre o problema da disciplina na sala de aula, é uma questão que está me angustiando. Eu sofro junto com os professores, porque os vejo tirando licenças constantemente, os vejo nas redes sociais falando que não aguentam mais, e eu me questiono: é porque as crianças não são mais aquelas que entravam na sala de aula, sentavam em fila e ouviam o professor? Isso não existe mais, o que há é diálogo, conversa, envolvimento, aulas dinâmicas, em que elas se sintam participantes, integrantes daquela comunidade tão linda que é a sala de aula. É evidente a insatisfação dos alunos em relação a aulas ditas "tradicionais", ou seja, aulas expositivas nas quais são utilizados apenas quadro-negro e o giz. O aprender por aprender já não existe: hoje, os alunos precisam saber o motivo e a utilidade de determinado assunto. Essa é a típica aprendizagem utilitária, isto é, só aprendo se for útil para entrar no mercado de trabalho. Desse modo, educar no mundo de hoje é uma tarefa não só escolar, mas também da rede mundial de computadores. Agora depende de nós, professores, mudarmos; depende do nosso modo de atuar e agir, e de estarmos conectados com essa geração maravilhosa que está aí. Essa é a maneira de evitar que a indisciplina tenha vez nas salas de aulas.

Seu recado aos pais.

Pouco adianta às crianças ver seus pais como pessoas distantes e juízes severos, que apenas limitam suas atividades na internet. É através do convívio natural, do contato próximo e da atenção que eles poderão vivenciar e assimilar os "limites" presentes na vida, transpondo-os para o mundo virtual. Então é preciso dar limites, mas também transpor isso para o mundo virtual no dia a dia.

E aos professores.

Antes de qualquer coisa, o educador precisa ter certeza de que está fazendo o que ama. Os desafios na educação são tão grandes quanto o número de alunos que precisam de bons professores, e é exatamente por isso que a vocação e a vontade devem estar em cada sala de aula. É importante que os mestres estejam preparados e dispostos a criar novos métodos de ensino e incorporar novas tecnologias às aulas, pois, caso contrário, será muito difícil atender às expectativas da nova geração de estudantes, que tem sede de conhecimento. Portanto, quatro fatores devem ser valorizados na educação do futuro: diversidade, vocação, inovação e individualidade. Com isso o professor vai ter sucesso com os seus alunos, sem sombra de dúvida.

CAPÍTULO 6

DIREITO DE FAMÍLIA

Entendendo a construção da família

> "De repente, eu olho para o mundo e percebo que tudo desabou. Parece que todos os meus sonhos se tornaram pesadelos. Família? Como chamar de família um ambiente onde o tempo todo há gritos, desavenças, cobranças e falta de confiança? Quando olho para o teto da minha sala, nem acredito que estou aqui, na casa com que sempre sonhei, mas esta sensação boa desaparece em segundos. Mais que uma casa bonita e luxuosa, o que quero e busco é um lar com sossego, onde eu não veja a hora de preparar o melhor café, aquele que não há em nenhum supermercado. Minha família está em pedaços. Como reconstruí-la?"

Esse é desabafo comum que temos ouvido ultimamente, o que só mostra que é preciso se agarrar com unhas e dentes à instituição da família, um presente de Deus para cada um de nós. Não sei como é a sua realidade e composição familiar, como está o seu coração, nem absolutamente nada sobre seus laços dentro de casa. O que sei é que, se algo não vai bem, é hora de ter coragem e dar um basta às angústias. Afinal, os melhores momentos são aqueles que passamos com a nossa família, independentemente de como ela seja. As melhores lembranças são as que temos com nossos amores: filhos, netos, avós...

Não há lugar melhor do que o nosso lar. Lute para que sua casa volte a ter harmonia e o café, o sabor que toca seu coração. Não desista; persista. Um novo sol já vai brilhar na janela da sua nova sala. O pesadelo já vai passar.

Entrevista com a advogada Sandra Yoshida, especialista em direito familiar.

Lúcia: O que é direito de família?

Sandra: Direito de família é o conjunto dos princípios e normas do direito público e privado, destinados a regular as relações decorrentes da união ou do parentesco entre as pessoas. Hoje em dia está dividido em quatro grandes grupos: direito parental, matrimonial, extramatrimonial e assistencial.

A família sofreu mudanças importantes depois da Revolução Industrial. Você pode falar um pouco sobre isso?

A mudança começou com a Revolução Industrial e a Revolução Francesa, que marcaram um novo ciclo histórico da contemporaneidade, porque a partir daí começa a se acentuar o declínio do patriarcalismo e nasce o movimento feminista. No Brasil, as consequências começaram a surgir com a legislação sobre a família, especialmente com Estatuto da Mulher Casada. Então não parou mais. Antes, o Código Civil de 1916 definia a mulher casada como incapaz de realizar certos atos e previa que ela necessitava da autorização do marido para exercer diversas atividades, inclusive ter uma profissão ou receber herança.

Com o advento do Estatuto da Mulher Casada, o marido deixou de ser o chefe absoluto da sociedade conjugal. A lei mudou outros dez artigos do Código Civil vigente, entre eles o 6º, que atestava a incapacidade feminina para algumas ações.

Além de poder tornar-se economicamente ativa sem necessitar da autorização do marido, a mulher passou a ter direito sobre os filhos, compartilhando do pátrio poder e podendo requisitar a guarda em caso de separação.

Atualmente, os cônjuges têm os mesmos direitos e deveres em relação à casa, aos filhos e aos bens. A esposa não pode praticar sem autorização aquelas ações que o marido também precisa de consentimento para realizar, como contrair obrigações que implicam a alienação dos bens do casal.

Apesar de as mudanças não terem acontecido imediatamente, o Estatuto da Mulher Casada marcou o início de várias transformações no âmbito legal a respeito dos direitos e deveres da mulher, ajudando-a a alcançar o patamar de igualdade garantido pela Constituição de 1988.

Como a suposta superioridade masculina foi abalada pelas reivindicações feministas e pela conquista de um lugar ao sol da mulher, tornando-se sujeito do próprio desejo, isso abalou a estrutura e a organização da família tradicional. Os papéis masculinos e femininos se misturaram, e tudo está sendo repensado na organização jurídica da família.

Dando continuidade nos avanços históricos...

Outra grande evolução foi a aprovação da Lei do Divórcio no Brasil, em 1977. Outro marco na história da família tradicional deixava de imperar em nosso ordenamento: a indissolubilidade do vínculo matrimonial. Com a Constituição Federal de 1988, foram consagrados princípios fundamentais para o Ordenamento Jurídico. A partir desses princípios fundamentais, entre eles o da cidadania e o da dignidade da pessoa humana (art. 1º II e III), rompeu-se definitivamente com velhas concepções, como a da ilegitimidade dos filhos, já que todas as formas de filiação foram legitimadas pelo Estado.

Considerações: após a CF de 1988 surgiram importantes leis em resposta aos princípios constitucionais e à demanda e necessidade desses novos tempos, como o Estatuto da Criança e do Adolescente, a lei sobre investigação de paternidade e a lei sobre união estável e concubinato. E, em janeiro de 2002, foi publicada a Lei nº 10.406, instituindo o novo código civil.

Não obstante, ele não conseguiu normatizar as novas concepções da família brasileira atual, pelo próprio dinamismo da vida e dos acontecimentos — afinal, não é possível normatizar tudo. E não considero isso uma desordem familiar, muito pelo contrário; entendo que a lei veio normatizar e organizar.

A família está em desordem?

A família é a matriz, a formadora da identidade, o que molda a individualidade de seus membros. É o espaço em que os indivíduos se desenvolvem e tornam-se diferentes dos outros, mesmo pertencendo a um grupo com história comum.

Como organizar juridicamente a família se não há uma única forma de constituí-la? Ela deixou de ter uma forma singular e agora é plural, como a Constituição da República de 1988 já expressou.

Artigo 226 da Constituição da Republica Federativa do Brasil de 1988

Art. 226. A família, base da sociedade, tem especial proteção do Estado.

§ 1º — O casamento é civil e gratuita a celebração.

§ 2º — O casamento religioso tem efeito civil, nos termos da lei.

§ 3º — Para efeito da proteção do Estado, é reconhecida a união estável entre o homem e a mulher como entidade familiar, devendo a lei facilitar sua conversão em casamento.

§ 4º — Entende-se, também, como entidade familiar a comunidade formada por qualquer dos pais e seus descendentes.

§ 5º — Os direitos e deveres referentes à sociedade conjugal são exercidos igualmente pelo homem e pela mulher.

§ 6º — O casamento civil pode ser dissolvido pelo divórcio. (A redação atual foi dada pela Emenda Constitucional nº 66, de 2010 — hoje o casamento pode ser dissolvido a qualquer tempo, para evitar desgastes e discussões desnecessárias, prejudicando os filhos.)

§ 7º — Fundado nos princípios da dignidade da pessoa humana e da paternidade responsável, o planejamento familiar é livre decisão do casal, competindo ao Estado propiciar recursos educacionais e científicos para o exercício desse direito, vedada qualquer forma coercitiva por parte de instituições oficiais ou privadas.

§ 8º — O Estado assegurará a assistência à família na pessoa de cada um dos que a integram, criando mecanismos para coibir a violência no âmbito de suas relações. (Um exemplo da prática deste artigo é a lei Maria da Penha.)

Em meio ao pluralismo dessas famílias, e apesar das tentativas de apreensão, sobretudo por parte dos códigos, a verdade é que a realidade se impõe sobre as leis.

Como comentamos, hoje temos famílias que são monoparentais: formadas apenas pelo pai ou pela mãe.

Temos famílias recompostas, quando os filhos são advindos de outro casamento.

Temos famílias binucleares, aquelas em que os pais, mesmo não estando mais juntos, cuidam dos filhos.

Ou seja, casais com filhos de relacionamentos anteriores e filhos do casamento atual, mães criando os filhos sem os pais presentes e vice-versa, casais sem filhos, filhos sem pais, meninos de rua e na rua, parentalidade socioafetiva, inseminação artificial, úteros de substituição... É uma lista imensa de diversos arranjos familiares. Se as configurações das famílias pós-modernas são tantas, por que não considerar como família uma avó que cria seus netos ou uma irmã mais velha que cuida dos mais novos? Assim, as famílias podem ter diferentes estruturas, condições de vida, valores e formas de funcionamento.

Nesse sentido, Maria Berenice Dias (2005) preceitua que "não há como negar que a afetividade é um fator determinante na formação dos núcleos familiares". A base do direito de família é o afeto, e este deve ser sempre o critério utilizado na análise da tutela dos direitos inerentes aos indivíduos inseridos no contexto familiar. Um caso muito comum no interior é aquele em que a empregada doméstica tem um filho e, sozinha no mundo, são os patrões que acabam assumindo a criação e a educação da criança, e formam uma nova composição familiar por sociafetividade.

Diante disso, como então identificar uma família?

O que identifica a família hoje já não é nem mesmo a celebração do casamento. De novo de acordo com Dias, "o elemento distintivo da família é a identificação de um vínculo afetivo, a unir as pessoas, gerando comprometimento mútuo, solidariedade, identidade de projetos de vida e propósitos comuns". Pois o que impera é a necessidade de que o sustento da união, independentemente da oficialização do casamento, esteja no amor, no afeto e no companheirismo — é aqui que reside a mudança paradigmática e estruturante do Direito de Família.

Tem se falado muito em crise no ambiente familiar. Qual sua opinião sobre isso, a partir da sua experiência?

Quando pensamos em família, pensamos em filhos, mas há casais que não têm filhos. Mesmo assim, esse casal forma uma identidade familiar, e por quê? Porque ali existe amor e comprometimento. E o que a gente consegue entender disso? Que a crise não está no que o código determinou, na finalidade da união entre homem e mulher, na lei que diz que um tem que cuidar do outro. A crise está no diálogo. A falência do diálogo para mim é o principal objetivo causador dessa crise familiar. Acontece quando eu começo a me voltar muito para mim mesmo, para os meus objetivos, meu individualismo, e me esqueço do que prometi quando nos casamos, que o objetivo era a assistência mútua, a família, a segurança, o comprometimento. Quando eu deixo de ter comprometimento, quando paro de dialogar, vou me afundando cada vez mais na distância. Muitas vezes o casal não deixou de ter afeto, a pessoa perdeu a comunicação, não sabe mais como chegar a quem ama. Nem sempre a crise e o divórcio acontecem por falta de amor, muitas vezes os objetivos dos dois estão distantes. Essa desestruturação emocional pode ser momentânea ou estendida. Quero lembrar que esses casais em crise podem procurar ajuda profissional, um terapeuta, padre, pastor, fazer um retiro de casais... Aliás, eu acho que um retiro é a melhor forma de reavivar as promessas e o amor dos dois.

Ninguém disse que um casamento ou relacionamento seria fácil, certo?

Eu vejo da seguinte forma: o mundo oferece rotas de fuga. Falamos de crise e de comprometimento. Essas rotas de fuga existem porque as pessoas não se comprometem de verdade. Hoje a gente vive, e muito, o amor *fast-food*. A lei diz que pode casar hoje e descasar amanhã, o que, de certa forma, cria uma mentalidade errônea quanto ao enfrentamento das dificuldades que virão. Por exemplo, muitos alegam que se não der certo podem optar pela separação, quando deveriam estar preparados para enfrentar as dificuldades com o propósito de prevalecer o casamento sempre! Mas qual era a intenção da lei? A lei não quer transformar a crise familiar em divórcio; ela tenta afastar a discussão da culpa. A legislação trouxe uma coisa boa, que é a possibilidade de divórcio a qualquer momento, para evitar discussões e culpabilização, porque os mais afetados eram as crianças. A intenção era evitar o sofrimento. A lei veio para evitar a exposição dos filhos. Eles podem ficar com o pai ou com a mãe, com a regulamentação dos direitos de visita daquele que não obteve a guarda. Isso mudou muito, graças a Deus: assim as crianças não ficam sem proteção, a mulher também fica resguardada das antigas humilhações de uma relação falida, e o homem, pode dignamente acabar com uma relação sem expor os filhos à discussão inútil que é tentar encontrar um culpado pelo fim do casamento. A lei não mudou para instigar a falta do comprometimento e a determinação. Ela veio para atender aos mais frágeis nessa relação de separação, onde a culpa determinava quem teria a guarda dos filhos, influenciava na partilha dos bens etc. Na verdade, devemos orientar e preparar nossos jovens para um real comprometimento com o matrimônio. Ainda acredito que amar é uma decisão.

Suas considerações finais.

Vou reforçar o que disse anteriormente. Na minha visão, a crise familiar nada mais é do que a falta de diálogo, um pedido de socorro para a manutenção da própria família. Então, quando você estiver no meio de uma crise, procure ajuda de um profissional ou de um amigo ou parente, se não tiver como pagar um psicólogo. Procure a Igreja, lembre-se dos seus valores religiosos, recorde os valores que você já construiu, o que já viveu com seu parceiro, procure uma pastoral, faça um encontro de casais, tente tudo o que for possível; enquanto houver uma pequena possibilidade, você deve lutar pela sua família. Porque, no final, o que prevalece é a família. Quando perdemos um ente querido, corremos para nossa família, que ainda é o berço, o ninho, o porto seguro, é o lugar para onde queremos voltar. E tenho também uma consideração muito importante em relação às mulheres. Meu avô costumava dizer que a família é como uma casa: a mãe é o alicerce desta casa e o pai, o teto. Então ele protege contra a ventania ou o sereno. Se o teto cair, o alicerce continua, mas se a estrutura não aguentar, a casa toda desmorona. Então, mulheres, lutem pelos seus casamentos, seus filhos, não abram mão da família. Qualquer fio de esperança pode ser transformado em uma linda estrada ao encontro um do outro.

CAPÍTULO 7

COMBATE E PREVENÇÃO ÀS DROGAS

VENCER É DIFÍCIL, MAS É POSSÍVEL.

Em toda história, o amor está presente. Cada um de nós tem uma história, e, se olharmos bem, certamente cada história renderia um belíssimo roteiro de cinema. Mas é comum encontrarmos pessoas que olham a história dos outros e dizem: "Nossa, como fulano é mais feliz..." Colocam-se como verdadeiros fracassados, mutilados com a própria história e se esquecem de valorizar o que já deu certo e o que ainda está por vir...

Jesus Cristo foi a pessoa mais pisoteada e humilhada que já existiu. E existe história mais linda em toda a humanidade? Diante das maiores dificuldades, Jesus confiava.

É possível voltar nosso pensamento para as ruas de Jericó, por exemplo, e sentir a coragem de Zaqueu, que subiu na árvore para vê-lo e desceu para recebê-lo em sua casa... A audácia de Madalena, que implorava por perdão e saiu sem palavras ao ser tão acarinhada pelo o gesto daquele Senhor...

Jesus, sinônimo de serenidade, perdão, paz, criatividade e coragem, olhava para os sofredores e dizia: "Filho! Calma! Vai dar tudo certo!" E a mensagem continua sendo a mesma.

Calma! Fique tranquilo, porque tudo vai dar certo!

Então... Siga o seu roteiro! Sinta-se a estrela que é e não se esqueça de colocar em cada capítulo o amor.

Só o amor vence e permite recomeçar sempre!

Entrevista com Patrícia e Jackson Guerino, um jovem que reconstruiu sua vida após viver na dependência química por mais de dez anos

Lúcia: Para iniciar nossa conversa, conte um pouco sobre a sua infância.

Jackson: Tive uma infância um pouco complicada. Fui criado pela minha avó, inclusive foi ela que me registrou como se fosse minha mãe, cuidou de mim, da minha irmã e de um primo. Minha mãe se casou com outra pessoa e nos deixou com minha avó. Sempre moramos na Vila Nossa Senhora da Luz, na CIC.[3] Minha avó sempre nos deu educação, sempre nos ensinou sobre o certo e o errado. O caminho errado quem decidiu seguir fomos nós mesmos.

Quantos anos você tinha quando se envolveu com as drogas?

Antes de a minha avó falecer, eu já tinha tido contato, eu já fumava maconha. Fumava escondido na escola. Aliás, na Vila Nossa Senhora da Luz, naquele tempo, era assim. Eu, por exemplo, tinha um tio que era alcoólatra, ele tinha muitos contatos, e era normal nós vermos os traficantes. Eu cresci vendo todo esse movimento. Quando tinha meus dez ou 12 anos, já fumava, mas fumava escondido. Se meus tios descobrissem, rolava pancadaria. Aos 16 anos, depois que minha avó faleceu, a coisa piorou, abracei o mundo das drogas.

Você se sentia atraído por aquele mundo?

Sentia, sim, e hoje eu vejo que era pela ganância. Via o pessoal com muito dinheiro, sempre com carros bons, relógios, tênis, mulherada, e sem trabalhar. E eu cresci com aquilo na cabeça. Por que trabalhar? Levantar cedo, ganhar um salário mínimo, se eu posso ter tudo com mais facilidade?

---

[3] Cidade Industrial de Curitiba.

E como você se sentia?

Eu me sentia bem, não queria ser careta, porque sempre quis fazer parte daquele grupo. Grupo que eu achava muito louco, então pensava: "Se eu ficar como eles, fumar maconha, vou ser respeitado." Hoje em dia eu vejo que perdi muito tempo da minha vida.

Você conheceu todas as drogas?

Sim. Conheci todas as drogas, mas as que eu usei mesmo foram a cocaína, maconha, cola e cheirinho da loló.[4] Eu conheci também o crack, mas esse eu vendia.

E você vivia disso? Não trabalhava?

Não trabalhava. Vivia na aba dos caras que tinham a droga. Tinha um menino que começou a cheirar comigo, e a mãe dele era traficante, então sempre tinha uma trouxinha de maconha que ele pegava dela... Sempre tinha uma bucha de cocaína, e assim a gente ia levando...

E quanto tempo durou isso?

Fiquei mais de 12 anos nessa vida.

E os amigos, quem eram esses amigos?

Os amigos, se eu começar a falar, ficam assim: o ex-amigo, o ex-fulano, o ex-sicrano... Existe uma foto em que estão sete pessoas. É o nosso grupo, crescemos todos juntos, éramos como irmãos, e dessa foto só restamos eu e o fotógrafo. Os outros todos morreram, ou por dez ou cinquenta reais, todos por causa das drogas. É o mundo da droga que vai lhe trazer a cadeia ou a morte.

Você deve ter morrido algumas vezes enquanto estava envolvido nesse mundo das drogas.

---

[4] Cola líquida.

Eu estava lendo o livro do padre Léo, em que ele fala sobre Lázaro... Deus faz dois milagres naquela passagem. Ele não faz só o milagre de ressuscitar Lázaro, mas faz o milagre de colocar uma pessoa para tirar Lázaro. Eu estive muitas vezes pior do que Lázaro. A Patrícia certa vez me tirou do meio dos entulhos, do lixo, longe de casa havia três dias, sem escovar os dentes, sem almoçar nem jantar, três dias que eu não tomava banho. Eu estava cheirando cocaína enquanto a Patrícia estava lá, sozinha e preocupada comigo e com o nosso filho recém-nascido.

Patrícia, quando você conheceu o Jackson ele já era usuário de drogas?

Eu conheci o Jackson com 15 anos — hoje tenho 35 — e, ao contrário dele, eu era muito inocente. Sempre participei do grupo de jovens, tinha família bem-estruturada, e há dez anos, mais ou menos, a relação com as drogas era muito mais discreta. Eu fui perceber mesmo depois que nós já estávamos juntos. Um tio dele me avisou que estava acontecendo alguma coisa.

E mesmo assim você ficou com ele?

Sim, eu já estava grávida. Eu tinha esperança. Fiz muitas novenas, conversei muito com padres e outras pessoas. Sempre acreditei, pois ele tem um coração bom. Sofri bastante, passei por muitas provações, porque o usuário faz com que toda a família fique doente também, os efeitos atingem todos, principalmente as pessoas que você mais ama. Sofri muito, e acho que mais ainda pelo fato de ele ser muito sozinho. Na verdade fui mãe, esposa, namorada. Foi por amor, e por amor tudo é possível.

Jackson, em algum momento você pensou que a sua vida tivesse acabado?

Quando você entra no mundo das drogas, já entra com a vida acabada. Você já sabe qual vai ser o verdadeiro caminho.

Você tinha essa consciência?

Eu sempre tive consciência, sempre esperei pelo pior. Quando eu estava no mundo das drogas e o Júnior estava para nascer, eu vi que ele iria precisar de berço, roupas, essas coisas. Nesse momento chegou um camarada e me disse: "Seu filho está vindo aí, e você precisa de dinheiro... Quer trabalhar pra mim? Você tem bastante amizade... Vai ser fácil."

Naquele momento eu já sabia quais seriam as consequências, mas topei e comecei a vender cocaína. Foi o meu emprego. No mundo das drogas você tem que se preparar para tudo. Você se arma. Eu ficava nas ruas, armado. Na minha casa sempre tinha cachorro, e quando o cachorro latia eu já saía com a arma na mão, sempre esperando o pior. Eu nunca esperei o melhor. Só esperei o melhor quando conheci a Patrícia... Foi aí que eu vi uma luz, mas ainda assim foram muitos os momentos ruins. Lembro uma vez em que estávamos em casa e queríamos comer um cachorro-quente, então eu saí para comprar. Esse cachorro-quente levou três dias para chegar. Fiquei três dias usando drogas, três dias na noite. Então a vida para ela foi muito difícil. Hoje agradeço a Deus, porque se não fosse por ela eu não estaria aqui. Quando a minha avó morreu, eu perdi a esperança. Minha avó era tudo pra mim, então o meu mundo acabou. Quando minha avó faleceu, eu tinha uma arma em casa. A Patrícia sempre foi do grupo de jovens, e eu falava pra ela: "Que Deus é esse? Eu não acredito em Deus! O meu deus é o deus da minha arma."

No velório da minha avó, eu fui até o sótão, peguei o revólver e dei um tiro na minha cabeça. Graças a Deus, hoje eu vejo, a arma travou. Então agora consigo ver que já era um sinal de Deus, não era para eu morrer.

É possível sair das drogas, Jackson?

Sim. Deus é o Deus do impossível.

E a sua família? Você teve irmãos?

Legítimos somos eu e uma irmã. Do outro casamento da minha mãe, tenho três irmãos. Um tem problema de dependência química e está se recuperando. Meu pai teve outra família, um filho e duas filhas. Esse meu irmão está preso por tráfico de drogas. Também tenho um primo, que morava comigo e com a minha avó. Ele foi morto em 2006 com cinco tiros na cabeça, por tráfico de drogas, e a minha irmã, que faz um ano e meio saiu da cadeia, onde ficou sete anos detida por tráfico de drogas. Ou seja, uma família toda complicada.

Mas isso não fez você ficar no caminho das drogas?

Não. A minha avó sempre mostrou o caminho correto. Hoje eu falo para o meu filho, não vou estar para sempre ao lado dele, mas tento fazê-lo ver que muitas vezes o caminho não tem volta. Hoje, muitos jovens estão morrendo por consequência do uso das drogas. Eu tinha muitos amigos, mas quando caí mesmo, quando eu não tinha mais drogas nem dinheiro para oferecer, todos os meus amigos se afastaram e me deixaram sozinho.

Quando você fala em cair, como foi?

Fui preso. Quando a Denarc[5] me levou, precisei de dez mil reais. Esse era o valor para fazer o acerto. E toda a correria para conseguir o dinheiro foi a Patrícia quem fez, mas os amigos não me ajudaram. Quando saí da penitenciária, aqueles amigos estavam do outro lado do bar tomando cerveja, e eu estava sozinho.

[5] Divisão Estadual de Narcóticos.

E como foi sua vida na prisão?

Fiquei pouco tempo preso, quarenta dias, inclusive depois de já estar trabalhando. Fui preso por ter sido acusado de quatro crimes: homicídio, tráfico de drogas, formação de quadrilha e crime organizado. De repente, me chamaram para uma reunião no RH da empresa. Quando eu cheguei lá, o delegado e um policial civil estavam esperando para me algemar. Naquele momento eu ainda não tinha agradecido a Deus pelo trabalho e pela minha família. Fui para a penitenciária e briguei muito com Deus.

Patrícia: É importante a gente pensar no quanto Deus age na nossa vida. Quando ele estava lá na prisão, no terceiro dia em que estava preso, cortou a cabeça toda com gilete. O policial me ligou e disse para eu levar o meu filho porque ele estava com depressão. A prisão é um lugar frio, dificilmente tratam os presos com respeito e humanidade. Mas, naquele dia, Deus foi maravilhoso, porque eu levei o nosso filho, na época com seis anos, e o carcereiro tirou as algemas dele. Foi muito bom porque o Jackson pôde abraçá-lo e se sentir mais forte, porque ele já não era mais usuário. Foi absolvido da acusação de homicídio, e aquele instante foi a fortaleza para ele continuar ali naquele momento tão difícil.

Você sempre teve apoio da sua família, Patrícia?

O meu pai e a minha mãe foram uma verdadeira luz na nossa vida. Minha mãe chegou a se ajoelhar na frente do Jackson quando ele ia sair armado para atirar em uma pessoa, e ela pediu pelo amor de Deus que não fizesse aquilo, que ele tinha um filho e uma família, e ele não saiu. Ela costumava dizer que seria muito mais fácil me levar embora com o bebê e abandoná-lo, mas ele seria morto, e ela não queria isso. Ela queria um pai para o meu filho. Eles lutaram junto comigo.

Nós moramos um ano com meus pais, e foi ali que o Jackson pôde conviver com outra realidade, de agradecer a Deus antes das refeições, de ir à missa, de ver a família reunida e de conhecer a Deus mesmo. E esse foi um período de transformação dele.

Jackson, fale sobre a sua recuperação.

Muita gente me pergunta: como você conseguiu se recuperar sem passar por uma clínica? E eu nem sempre tenho palavras para explicar, mas agradeço muito à família da Patrícia. Como ela falou, moramos com os pais dela por um ano, e confesso que, para mim, lá foi a minha clínica. Foi lá que encontrei tudo o que precisava para me sentir forte e recomeçar minha vida. Eles foram o tempo todo muito presentes, amorosos e pacientes comigo.

Foi o ano em que parei e refleti... Eu estou em recuperação diariamente. Preciso me cuidar porque senão vêm as recaídas. Estou sóbrio desde 2003.

Na cadeia eu ganhei uma Bíblia, e o cara me disse: "Tenha fé!" Eu disse que o cara era louco, mas agora entendi que era um recado de Deus.

Depois de ficar quarenta dias na prisão, eu saí, e havia uma vaga para fazer o encontro do TLC.[6] A Patrícia disse que eu iria ficar três dias. Eu disse: "Tá louca! Já fiquei tanto tempo preso, e agora vou ficar de novo?"

Mas eu fui. Fui, e hoje o movimento é a minha fortaleza, assim como a minha família. Imagine eu chegar na Vila Nossa Senhora da Luz e falar que estava num lugar onde todo mundo se beija e se abraça... Vão me chamar de louco. Graças a Deus sentei na minha cadeira e ouvi, e Deus fez de mim um novo homem.

Patrícia, quando você olha para trás, o que passa pela sua cabeça?

Penso no quanto Deus me ama. Toda vez que eu ouvia que alguém tinha sido morto lá na Vila, eu pensava se era ele que

---

[6] Treinamento de Liderança Cristã.

tinha morrido. Deus me ama. Eu sei que a morte é algo que vai acontecer, mas o Jackson não morreu de qualquer jeito, feito um animal, porque quem se envolve nas drogas morre dessa forma. E eu vejo o quanto Deus ama a gente, o quanto o movimento foi importante pra nós, e nos fez entender também a importância do sacramento do matrimônio. Inclusive, depois disso pudemos nos casar na Igreja e ter a bênção de Deus.

Jackson, você parou de usar drogas porque se encontrou e encontrou a Deus?

Acho que essa é a verdadeira razão. Eu encontrei a Deus. Às vezes, quando eu tenho vontade, porque não adianta eu falar que não tenho vontade, o mundo dá essa vontade, então eu olho para minha família, meus filhos e me pergunto: "Como vou recair se a minha família é a minha fortaleza?"

O que você diria às famílias que passam pelos mesmos problemas que você passou em relação às drogas?

Eu posso falar o seguinte: eu fiz muita família sofrer. Se a família não tiver fé e esperança, fica muito mais difícil. Então, tenham muita fé e não desistam; pais, não desistam dos seus filhos, mesmo que eles estejam no fundo do poço. Claro, é um desafio muito grande, mas há solução, há grupos que podem ajudar, há muitas pessoas que podem ajudar. Com fé e com amor, um dia tudo se modifica. Hoje eu sou um novo homem!

CAPÍTULO 8

DEPENDÊNCIA QUÍMICA

PORQUE PREVENIR SEMPRE SERÁ O MELHOR REMÉDIO

"Eu preciso sair daquele lugar! Nunca imaginei passar pelo que estou passando. Ver as coisas que estou vendo. Sinto fome e frio, não tenho onde dormir com dignidade, e no pátio os colegas jogam bola com uma cabeça humana."

Esse é o depoimento de um jovem por volta dos vinte anos durante o julgamento. Trata-se de um jovem preso acusado de homicídio. Segundo os autos, outro jovem havia sido assassinado. O motivo? Drogas.

Absolvido? Condenado?

Não vem ao caso aqui.

O que importa é o olhar da sociedade em um retrato como esse. Como estamos olhando para nossas famílias? Mais do que isso: como estamos cuidando dos nossos filhos? Quando vamos parar de achar que se trata de mais um caso, de mais uma morte? Quando nossos jovens vão entender que um ato inconsequente os leva para o banco dos réus? O minuto seguinte para muitos é de arrependimento, mas, na maioria das vezes, é tarde, o preço é alto, humilhante, irreversível; mais cedo ou mais tarde, deve-se pagar.

Já passou da hora!

Que nosso olhar seja santo para cada mãe que sofre e cada filho que toma outra direção. Mas, sobretudo, que nosso olhar seja preventivo e que esteja todos os dias em nossas atitudes e principalmente no nosso lar.

Com Nasser Salmen — ex-delegado da polícia civil; advogado, pós-graduado em Gestão Pública e Dependências Químicas; terapeuta pela Associação Nacional dos Terapeutas em Dependência Química; consultor em Dependência Química pelo Instituto Internacional de Prevenção às Drogas.

Lúcia: Dependência química! Um tema extremamente relevante e que merece nossa atenção, certo, Nasser?

Nasser: É uma realidade. O processo da dependência química é uma realidade. É uma progressão geométrica, está afetando as famílias e os jovens de uma forma até muito precoce, são situações que no meu dia a dia como terapeuta tenho vivenciado. Estou assustado com o que vejo no momento atual.

E aí estamos falando de maconha, cocaína, crack, entre outras drogas?

Além dessas que você citou, é indispensável falarmos também sobre o álcool, que embora seja uma droga legalizada, não é tão lícita no meu ponto de vista. Eu a interpreto como uma droga que tem consequências danosas ao organismo de uma maneira quase irreversível. É uma droga progressiva, crônica, aumenta cada vez mais a tolerância do indivíduo que a consome. E o que é a tolerância? Se o indivíduo tomava uma ou duas latas de cervejas para atingir um determinado status comportamental, logo ele vai precisar de muitas mais. A dependência química é um transtorno mental de comportamento, então o cidadão tende a entrar em um processo de alteração comportamental da sua saúde mental. No caso do álcool, é progressivo e pode vir a ser fatal. O álcool tem essa característica progressiva e crônica e causa danos irreversíveis ao organismo. Do meu ponto de vista, é a droga inicial, a porta de entrada para as drogas ilícitas. Existem estatísticas que comprovam isso, que o álcool é a principal porta de entrada para as demais drogas.

Há uma banalização em relação à bebida?

Eu tenho refletido sobre um aspecto interessante, que é a precocidade. Todas as drogas têm sido experimentadas mais cedo, principalmente o álcool: hoje há jovens, quero dizer, crianças de 12 anos que usam o álcool de forma demasiada. Isso me preocupa muito. Se você for hoje no Largo da Ordem, aqui em Curitiba, por volta das três horas da manhã você vai ver crianças de oito anos fumando crack. É preocupante. Veja, o aspecto familiar — neste contexto englobando a vivência harmônica e fraterna no lar —, quando estável, proporciona segurança à criança, que não vai precisar buscar muletas lá fora.

Descreva para nós cada droga e seus efeitos colaterais.

Nós temos três tipos de drogas: as depressoras do sistema nervoso central, as estimulantes do sistema nervoso central, e as perturbadoras do sistema nervoso central. Entre as depressoras do sistema nervoso central vamos abordar especificamente o álcool. Existem outras, mas, entre as drogas mais comuns, o álcool aparece com mais ênfase. O álcool é uma droga que pode causar certa euforia inicial, mas que certamente regressa no aspecto da depressão do sistema nervoso central. O álcool provoca muitas doenças, é a principal causa da cirrose, além de um grande responsável por faltas e acidentes no trabalho. É uma droga, como mencionei, progressiva e crônica, porque cria tolerância: quando o indivíduo toma uma dose ou duas de álcool, o organismo já se habitua, sem ser muito técnico, àquela quantidade da droga, e com o tempo é preciso consumir mais para ter a mesma sensação comportamental. Infelizmente, no começo é prazer, mas o álcool é extremamente progressivo. As principais drogas estimulantes são a cocaína e o crack. O crack é uma droga que se fuma. É feito a partir do processo de refinamento da cocaína, com um resto da droga, ou seja, é a escória da escória. No momento do refino, esses restos são misturados ao bicarbonato de sódio, fervidos e resfriados até se transformarem em algo como uma rapadura, que então é fragmentado em pequenas pedras e colocado em um cachimbo artesanal ou em uma lata perfurada. A fumaça é gerada com o fogo aquecendo e derretendo essas substâncias químicas, e no momento em que a pessoa dá o primeiro trago (nós chamamos de pipada), ela já fica dependente. O processo de metabolismo e de absorção acontece em segundos e já causa reações muito graves: danifica a mucosa bucal, os dentes, necrosa parte do esôfago, do estômago, do intestino e dos rins — o indivíduo que usa crack tem a urina bem alaranjada e com cheiro muito forte, além de diarreia constante. Sem contar que esse processo todo inibe o apetite e faz com que a pessoa tenha um emagrecimento muito rápido. Ela fica com aspecto cadavérico.

Em geral a pessoa vai direto para o crack?

Nós vamos falar depois da maconha como droga perturbadora. Eu tenho uma teoria: a maconha é uma droga "meio", a mais conhecida, assim como o ecstasy, uma droga perturbadora do sistema nervoso central. A maconha hoje não tem as mesmas características que tinha vinte anos atrás: é uma droga geneticamente modificada, cultivada muitas vezes em estufas de fundo de quintal, plantações que chamamos de hidropônicas... Existem espécies de maconha com um teor muito alto do princípio ativo, o tetrahidrocanabinol, modificadas de forma que só se plantem fêmeas sem sementes para que, durante o processo de florescimento, a planta produza tetrahidrocanabinol por mais tempo até ser polinizada. Isso faz com essas espécies tenham uma concentração muito forte dessa substância, como a *brubeuli, skank e uberal*, que podem alcançar o preço de R$50 por grama.

Então hoje a maconha não é a droga que tanto falam em relação à liberação do uso e à descriminalização, não é a mesma que se usava antigamente e que fazia menos efeito. Essa maconha não é conhecida pela imprensa nem pelas redes sociais, e se alguém ainda acha que é uma substância benéfica, não é verdade: a maconha causa perda de memória, diminuição da musculatura do coração, danos na visão, reduz a vaidade, a assiduidade, a autoestima.

Como eu estava dizendo, ela é uma droga "meio". Algumas pessoas começam a usar maconha, daí passam para a cocaína e as pedras do crack, também chamadas de *cabral* (maconha misturada com o crack), e a tendência é usar mais e mais por causa do efeito estimulante do crack. E, quando a maconha não estiver disponível, talvez a pessoa vá usar uma pedra de crack dissolvida no fumo do cigarro, até o momento em que vai usar o crack sozinho, e daí ela já migrou para o crack. Quando o nosso organismo se acostuma a uma droga, ele tende a buscar uma droga potencialmente mais nociva. Então, quando alguém fala que a maconha não é tão perigosa porque não causa síndrome da abstinência, a questão é que, mesmo se ela for realmente tão leve assim, de qualquer maneira o organismo tende a buscar uma droga potencialmente mais forte, então a migração para algo mais nocivo é sempre uma possibilidade.

E o ecstasy?

Hoje a maconha é considerada a droga mais popular, o crack, a mais danosa, e eu colocaria o ecstasy como a droga da moda. Está em quase todas as baladas e casas com música eletrônica. É uma droga que não tem cheiro porque vem em uma pílula, é euforizante e alucinógena, causa desidratação e, se tomada com certa quantidade de álcool, pode causar um colapso cardíaco. Se você tomar muito ecstasy sem ter certeza da procedência — porque hoje existe uma enorme mistura de produtos anestésicos que é vendida como ecstasy

— pode até morrer de desidratação. É claro que não estou generalizando e dizendo que isso acontece em todas as raves e casas de música eletrônica, mas ambientes assim têm uma presença muito forte das drogas. Dizem que o ecstasy é uma droga do amor, mas isso é uma ilusão; a pessoa em tese fica mais suscetível à amizade e a relações sexuais, mas não é bem assim. É uma droga que me preocupa. É consumida cada vez mais, antigamente se tomava meia pílula para aproveitar uma balada, depois, uma pílula inteira. Jovens adultos agora estão usando oito, dez. Voltam para casa no domingo depois de sair na sexta, é o que essa droga faz.

É tudo muito intenso...

Eu me preocupo com toda essa intensidade — que vejo pelas ruas, quando atendo meus clientes no dia a dia — por também ter vivido esse processo. Fiquei internado por muitos anos... Eu passei por isso e hoje faço o processo reverso. Já superei percalços incríveis que não quero enfrentar nunca mais, nem desejo para ninguém, passei por dificuldades horríveis. Resolvi fazer pós-graduação para entender o que acontecia com o meu cérebro. Eu fiz parte desse processo. Eu perdi, perdi, perdi. E não falo só do aspecto material. Perdi credibilidade, dignidade, respeito, amor. A droga isola você, é isso que a droga faz. Ela transforma você num sociopata. Uma família que tem um dependente químico já não almoça junta, não janta junta, não participa dos momentos fraternos uns com os outros: a família se isola. O que percebo hoje é que a coisa está escancarada, aberta, largada, você anda pela rua e sente o cheiro de maconha em qualquer canto.

Com quantos anos você começou a se envolver com drogas?

Durante a faculdade. Com aproximadamente 21 anos, e foi se desenvolvendo a partir daí.

Em que momento você teve o *insight*, a coragem de procurar ajuda?

Quando eu percebi que era um ser humano ausente, sem qualquer disciplina, sem qualquer apoio familiar. Eu não era um pai presente. Hoje sou avô, graças a Deus, mas, na época, meus filhos estavam crescendo sem a presença paterna, meu lar estava totalmente desestruturado. Eu não dava um bom exemplo de retidão de conduta. Minha vida se tornou um caos, sem critérios e sem ajustes, cada vez mais bebia e usava drogas, sem me importar com fidelidade nem amor... Enfim, eu cheguei ao fundo do poço e hoje sei que não há necessidade, é possível bloquear essas atitudes. É óbvio que é uma doença.

E você precisou de ajuda?

O primeiro fator para que você entre num processo de tratamento é pedir ajuda. É o primeiro passo dos Alcóolicos Anônimos, um instituto que está há 80 anos em atividade, o que prova que dá certo. É preciso admitir que somos impotentes perante a droga e que a nossa vida está saindo de controle. Foi aí que eu percebi que precisava de ajuda e pedi. É quando o indivíduo viciado em álcool ou drogas fala: Por favor! Me ajude!

Porque certamente você já havia sido abordado outras vezes...

O dependente de droga tem seus mecanismos de defesa. Eu paro quando quiser, só fumo um baseado, só cheiro um pouquinho de cocaína, só bebo um gole, paro quando quiser... São essas justificativas, negativas, minimizações, que nós chamamos de mecanismos de defesa. São um escudo invisível para o dependente químico, que fica blindado. Enquanto ele tiver esses mecanismos de defesa, não está disposto a fazer um tratamento.

Há quem diga que falta informação sobre drogas para os jovens.

É verdade, mas falta informação não para o jovem, e sim para a criança. Eu sempre defendo que deveria haver nas escolas uma atividade sobre dependência química para as crianças, para que, ao chegarem na pré-adolescência — a fase em que o uso de drogas precoce está começando —, já tenham perdido um pouco da curiosidade, que é um fator muito importante para o uso da droga.

Se o jovem tiver total consciência dessas informações que você mencionou sobre cada droga, ele não vai usá-las.

O problema é o álcool. O jovem também tem que se conscientizar sobre o problema do álcool. Eu não estou falando daqueles que tomam uma cerveja ou drink de vez em quando, aproveitam um churrasco de confraternização. Eu falo do jovem que usa o álcool para mudar o comportamento, para alterar o humor ou os sentimentos, daquele que é tímido e introvertido e usa o álcool para se soltar e mudar. No momento da embriaguez muito forte, ele é incapaz de discernir o quão danosa pode ser a droga, então alguém, um amigo, vai aparecer e oferecer, e ele vai usar. Portanto, meu conselho para as famílias é que façam uma triagem, conversem, saibam quem é quem, porque não oferecem drogas de graça na rua, não. É em reuniões de amigos que há o primeiro contato com a droga.

E a família?

Não tem como abordar o tema drogas sem falar sobre família. Eu sempre conto aquela história da mulher que falava da vidraça suja do vizinho até que um dia ela percebeu que era a vidraça da sua casa que estava suja. Os outros têm problemas; eu não. O problema é que a família tem dificuldade em diagnosticar o dependente químico. Ela não tem o olhar clínico, então quando chega ao ponto que a família percebe, a coisa já degringolou, já tomou rumos mais complicados.

O que pode proteger esse jovem das drogas?

O que vai protegê-lo é um ambiente harmônico dentro do lar. Muitos meninos que usam drogas têm um problema em comum, que é a ausência paterna: pais separados, pais ausentes, pais agressivos, pais alcoólatras etc. Esse é um fator que predispõe o jovem a usar drogas. E por que meninos? Porque eles precisam da referência masculina. Um ambiente familiar harmônico, onde se pratica a fé, onde há diálogo, valores, acompanhamento, critérios, onde se possa partilhar e participar em harmonia da vida dos filhos, está menos predisposto a desenvolver uma dependência, isso é fato. O que vai protegê-lo é o amor companheiro e cúmplice do pai e da mãe ali do lado. Os pais também tem direito de sair, dançar, se encontrar com os amigos, mas fazer isso constantemente faz com que haja certo desleixo no lar, que fica abandonado enquanto os filhos crescem. Há uma frase célebre usada pela polícia: "Seja pai do seu filho antes que um traficante o adote." Pode não ser aquela figura tenebrosa, mas podem ser aqueles amigos em que ele vai buscar a companhia quando não recebe atenção dos pais, saindo mais, conhecendo outras pessoas, e aí o mundo está repleto de seduções.

Nasser, como abordar um jovem que dá sinais do uso de drogas?

Diálogo. Conversa. Hoje eu atendo famílias que vão se consultar sem levar a pessoa com problemas, somente para saber o processo de abordagem, mas isso é um problema. Se há diálogo, a abordagem vai ser mais fácil; quando a família não sabe o que fazer, significa que é ausente. O mais correto é introduzir o assunto, esperar que a pessoa confirme e abra seu coração.

Mas e se for uma relação em que não há diálogo?

A pessoa vai negar. Estou atendendo um jovem de 14 anos cuja mãe desconfiou de que estivesse usando drogas. Como eles têm uma relação muito harmônica, os pais são separados, e ele é o caçula de cinco filhos, o jovem tomou a iniciativa de falar com a mãe: "Eu preciso falar uma coisa: eu experimentei maconha e não gostei. Eu precisava te falar isso." Puxa vida, ficou fácil. É um exemplo, mas cada família pode pensar nisso: você deu abertura ao seu filho?

Que sinais a pessoa vai apresentar quando começar a usar drogas?

A maconha causa um declínio muito rápido da produtividade escolar e faz com que o jovem tenha frequentes faltas na escola. Por isso é importante que os pais monitorem, chequem o boletim de frequência e acompanhem a vida estudantil dos filhos. Os olhos sempre inchados também são um indício, assim como comer muito, especialmente doces, o que é uma das reações da maconha no organismo, ao contrário da cocaína e do crack, que causam um emagrecimento muito rápido e fácil. Outro sinal é a ausência física, por exemplo em reuniões familiares, almoços e jantares; o jovem vai ficar sempre isolado no quarto ou sair à noite e dormir de dia muitas vezes seguidas. O comportamento do jovem vai mudar muito, esses são só alguns critérios que é preciso observar. Uma coisa é importante: as famílias têm que ter cuidado para não fazerem revistas nas coisas pessoais do jovem, até porque isso seria uma invasão de privacidade, e por causa da frustração com a família, talvez ele passe a usar drogas de forma mais intensa e às escondidas. Insista no diálogo, repita a pergunta. Tente outro dia, diga: eu estou com você, estou do seu lado, pode contar comigo. Aconteça o que acontecer.

Qual a sua orientação para quem já está envolvido com algum tipo de droga ou para as famílias que já estão desesperadas?

Procure ajuda profissional. Psicoterapeutas, psicólogos, médicos, psiquiatras, quem puder oferecer a possibilidade de medicamentos, comunidades terapêuticas, clínicas especializadas. Mas o mais importante é a ajuda profissional.

É possível vencer?

É lógico que é possível. É importante a família participar e se tratar também.

Mais uma vez, o envolvimento da família é fundamental, certo?

A família é codependente, está doente junto, a dependência de uma pessoa faz com que todos fiquem doentes. Você já viu um pai alcoólatra, o caos em que ele transforma aquela casa? Como ficam os filhos, o ambiente? As festas em família? Como vai ser o próximo Natal? Enfim...

A partir da sua experiência, qual o perfil — faixa etária, classe social — dos usuários?

Antigamente, se dizia que o crack só pegava as classes menos abastadas, hoje tomou conta de todos os estratos sociais. Não existe classe em que a droga não esteja presente. É óbvio que entre os mais ricos há uma incidência maior do ecstasy e da cocaína. A maconha sempre está presente. Como já disse anteriormente, hoje crianças de oito ou nove antes já estão usando drogas, e é um vício que pode perdurar pelo resto da vida se não houver tratamento. Muito raramente existe um usuário de maconha que chega a certa idade, já vovô, e resolve parar de fumar. É claro que a maior incidência é entre a adolescência e os 23 anos, quando começam as alterações hormonais no organismo. A menina se transforma em mulher, o menino em homem. Esse processo de mudança faz com que eles mudem fisicamente, que comecem a namorar, e a droga tem um aspecto social interessante. O jovem sai para um barzinho, a maioria usa drogas, poucos não usam, e o ambiente criado por aqueles que usam drogas atrai os que não usam. Isso se chama pressão social.

E aí mais uma vez percebemos que um jovem bem resolvido, com autoestima alta, vai conseguir, mesmo com essa pressão social, dizer não?

Com certeza absoluta.

Diante dessa precocidade que você citou, os pais precisam ter essa conversa com os filhos muito cedo, não é?

Pois é, lembra-se da sugestão da conversa sobre drogas nas escolas lá no ensino fundamental, como atividade extra? É por causa disso. O que acontece hoje é que nós, pais, colocamos as crianças na escola e damos um recado: toma conta que o filho é seu. E não deve ser assim, falta a participação mais efetiva dos pais. Precisamos estar mais presentes.

Seu recado aos pais e às famílias de modo geral.

Hoje existem leis que proíbem os pais de usarem violência contra os filhos, existem leis que determinam que o abuso dos pais pode gerar a perda do pátrio poder, mas além disso tudo é indispensável que o pai e a mãe sejam atuantes, desde o acompanhamento escolar até o momento de ter uma boa conversa com os amigos dos filhos. É importante que os jovens tenham um pouco de disciplina e saibam, por exemplo, o horário em que devem chegar em casa. Fazendo isso, certamente os pais estarão não monitorando de forma invasiva as atividades do filho, mas sim exercendo o controle da atividade paterna, que é um direito inerente a cada pai. Então participem! Saibam quem são os amigos dos seus filhos, perguntem, acompanhem, amem, deem colo e afeto, pois isso sem dúvida vai ter um impacto muito grande comportamento desses jovens.

CAPÍTULO 9

SENTIDO DA VIDA

Somos chamados à vida independentemente da nossa vontade

Amigo, que lindo foi você nascer, você chorou, emoção surgiu. Que lindo foi, um milagre aconteceu. Com o tempo você foi crescendo, o seu rosto, o seu corpo, Tempo do Espírito Santo, foram se transformando; você é formoso.

E hoje amigo, por que está tão triste? Por que nuvens cruzam seu olhar? Você precisa encontrar o dom que Deus lhe deu.

Valorize a vida.
Valorize mais.
Seja mais feliz.
Você é capaz.
Deus deu a você o dom de viver.

> "O Senhor Deus formou, pois, o homem do barro da terra, e inspirou-lhe nas narinas o sopro da vida e o homem se tornou um ser vivente." (Gênesis: 2,7)

Com Sergio Silva — jornalista, radialista, teólogo, apresentador do programa Diálogo, *da Rádio Evangelizar AM 1060 e FM 90.9.*

Lúcia: Sergio, eis o Milagre da Vida...

Sergio: Pois é, a vida realmente é um milagre, porque ela acontece independentemente da nossa vontade, ela surge com circunstâncias miraculosas, maravilhosas, engendradas pela vontade de Deus. No livro *O andar do bêbado*, o autor conta que seu pai ficou preso no campo de concentração de Auschwitz durante a Segunda Guerra Mundial. Um dia, com muita fome, ele roubou um pão da padaria, o que, naquela ocasião, era um delito condenável à morte. Perguntaram quem tinha roubado, colocaram todos os prisioneiros em fila e começaram a questionar um por um. Ele percebeu que muitos iriam morrer antes de chegar sua vez, então ele se antecipou e disse: "Fui eu que roubei, estava com fome e peguei um pão." Sabe-se lá por que cargas d'água, o oficial que comandava aquela coisa cruel falou: "Foi você? Ok, então agora você vai trabalhar na padaria." E não o matou, coisa que seria perfeitamente normal naquele nazismo, naquela violência exacerbada que marcou a primeira metade do século passado. Depois, o pai do autor saiu do campo de concentração e foi para Nova York, onde conheceu uma mulher e casou-se. Ou seja, seu pai conseguiu se safar do roubo do pão e, se não fosse por isso, ele não teria nascido. Isso é para você ver como é essa vontade, essa possibilidade que Deus prepara para que cada um de nós venha à vida e transforme-se em um milagre.

E nós caminhamos sem perceber o quão milagrosos somos...

A verdade é que estamos em um período de vulgarização das coisas. A banalização da vida e da violência. E, como consequência dessa banalização, da violência e da morte, e de uma inversão de valores, a gente acaba não percebendo a vida.

Porque, sendo como somos um milagre, a nossa essência é boa, viemos de um seio de amor, nós somos do bem...

É, porém perdemos a essência. Hoje ela está escondida por outros cheiros, outros odores que não têm nada a ver com a vida. O que é essencial? Para você, o que é essencial? De tudo o que você tem, de tudo o que você vive: o que é essencial?

Se o sentido da vida é intrínseco a cada pessoa, por que é tão difícil aceitar isso?

A grande dificuldade de entender o sentido da vida é que o mundo moderno não quer pensar nem filosofar. Nós perdemos a capacidade de abrir um livro, de refletir sobre temas, de nos perguntar: "De onde vim? Para onde vou? Por que existo?"

Sentido da vida então tem a ver com a pergunta "Quem sou eu"?

Sim, tem a ver com isso mesmo. Porque, se você olha pelo lado da espiritualidade, percebe que o que falta no mundo hoje é a mística. A gente fala muito de ritos, a gente lê muito, fala de mandamentos, do que pode e do que não pode, mas esquecemos de levar Deus para as pessoas de forma mística. A própria arte está levando mais Deus para as pessoas do que a religião — um filme encanta mais, uma peça de teatro comove mais, um romance mexe com valores que nos encantam. "Puxa, que bonito!" E às vezes você não sente a mesma coisa nos ritos, nos cultos, nas missas, nas reuniões religiosas, porque estamos mais preocupados com detalhes do que com levar Deus para as pessoas. E o que dá sentido à vida é Deus, e você só encontra Deus se encontrar a si mesmo.

E o que impulsiona uma pessoa a buscar esse sentido em um determinado momento da vida?

Tenho a impressão de que é a inquietação. Eu me encanto muito com as pessoas inquietas, com as crianças que fazem perguntas, com quem tem a coragem de duvidar, a ousadia de experimentar, de arriscar. É isso que dá sentido para a vida, não o previsível. O programado, a rotina, não dá sentido para a vida; o que dá é o evento, a novidade, o acidente, o incidente, a angústia, o caos, porque são essas coisas que nos fazem percorrer caminhos diferentes, conhecer pessoas diferentes, ir a uma panificadora diferente.

Você está falando das pequenas coisas?

Das pequenas coisas, mas que de repente fazem você descobrir. "Puxa, como foi bom ter feito isso! Nunca imaginei que fosse assim!" Senão, você vive como um ser humano medíocre, previsível, faz o que todo mundo faz. O que fiz de excepcional? E não precisa fazer um grande evento, plantar bananeira. Basta ter ousadia...

Desafios?

Desafio de abraçar, de dizer "eu te amo", de ser feliz...

Perdemos muito tempo com coisas fúteis?

Perfeitamente, aí é que se perde o essencial. Por exemplo, na Dinamarca as pessoas não se preocupam com os carros. É uma sociedade mais desenvolvida, em que não existem pessoas pobres, mas o carro não é um objeto de desejo para eles, o que querem é o tempo livre. O tempo livre é mais precioso do que um carro para um dinamarquês...

Como fazer prevalecer as escolhas que realmente dão sentido à vida?

Programando-se e organizando-se, coisa que a gente não faz. É aí que entra a questão do escalonamento. O que é prioridade? O essencial é viver, como diz Gonzaguinha. "E não ter a vergonha de ser feliz, cantar a beleza de ser um eterno aprendiz." O que eu quero para mim? Qual é o legado que quero deixar para as pessoas? A vida é muito fugaz, passageira. De repente você está cheio de posses, com uma enorme fortuna, mas a saúde está em risco e ninguém sabe — de repente você vai embora e deixa tudo para trás. De novo a pergunta: qual o valor essencial? O que você quer construir? O que quero deixar de legado? Como o meu dia vai ser hoje? Quais as prioridades que não posso deixar de fazer? E o que vai sobrar para mim? Consigo tirar trinta minutos pra mim e fazer uma caminhada para valorizar minha vida?

O ideal seria cuidar da vida como se fosse várias janelinhas, como vida espiritual, profissional, pessoal, familiar...

O problema é que, sem o escalonamento, por mais que você faça janelinhas, elas vão acabar preenchidas de maneira errada... O que é a coisa mais importante, que vem em primeiro lugar? Para nós, que temos fé, é Deus, amar a Deus sobre todas as coisas. Qual a segunda coisa? Eu. Sou eu. Deus me fez, me criou como milagre, então eu sou muito importante. E depois de mim, qual a coisa mais importante? O trabalho. Não a família. A família só existe em função do trabalho, se eu não trabalhar, minha família não pode subsistir. Em quarto lugar, aí sim, a família. Depois, em quinto, a Igreja, só quando estou com tudo em ordem. Porém, Deus vem em primeiro lugar. Tem muita gente que vive dentro da Igreja e coloca a família em segundo plano. A gente não sabe estabelecer a ordem no que de fato é essencial para a vida.

Equilíbrio é fundamental?

É preciso ponderar e colocar uma ordem hierárquica em que a essência venha sempre em primeiro lugar...

É preciso cuidado para não virar escravo do trabalho?

Sim. É preciso estabelecer essa ordem, sabendo que sua família vai usufruir do fruto do trabalho. É uma consequência. Deus me fez, eu sou consequência do seu amor... E ele disse: “Construam a terra, multipliquem-se e tudo mais!” É o nosso trabalho: depois vem a família. Só quando você está com tudo isso em ordem é que pode servir a comunidade.

O que dá sentido a vida hoje pode mudar amanhã?

Olha, eu acho que se pode mudar os métodos, mas, no meu entendimento, o sentido da vida não é uma coisa subjetiva. Existem prazeres, meios, formas de viver, mas a vida tem um único e inevitável sentido. É inevitável: nós vamos desaparecer um dia. Quando você nasce, já começa a morrer; após os trinta anos, começa o declínio e a fase do retorno. Quando você nasce, termina uma fase da vida, sai da placenta e morre para uma vida e nasce para outra; quando morre, nasce para outra vida diferente. Essa é a nossa fé, é o nosso entendimento. O que as pessoas precisam entender é o seguinte: a vida oscila. Não se iludam com um mar de rosas. "Ah, que maravilha! Minha vida é um mar de rosas!" Não é! Sempre vai ter gente nascendo, morrendo, sofrendo, chorando, sempre vão ocorrer catástrofes e eventos da natureza, você vai se decepcionar, se angustiar, sentir inveja, ódio, plenitude… É uma curva senoidal, em uma hora você está bem, na outra vai estar mal. Existem festas e existem funerais. A vida é assim mesmo, e, para mim, o aspecto mais importante da fé é que, atravessando todas essas curvas que se formam, ela lhe dá um objetivo além do horizonte, que faz você ver que a vida continua. Essa é a fé cristã. Jesus ressuscitou, e nós também teremos uma vida eterna. Isso não significa que eu tenho que postergar essa alegria para depois. O reino começa nesta contradição.

Aliás, o próprio Jesus disse: "Eu vim para que todos tenham vida e vida em abundância..."

Abundância, e a vida em abundância é aqui, ela começa agora. Repito, isso não significa que não haja sofrimento, tristeza, doença e morte — não é essa a promessa. A felicidade está além desses obstáculos…

Está em aproveitar cada momento?

Exato. Tudo está em conjunto. Não dá para reviver o passado — ele já aconteceu e vive como lembrança na memória; segue presente na vida e é inevitável. Por outro lado, a gente tem uma tendência de se concentrar só nas coisas ruins, e por isso é necessário se alimentar de bons pensamentos. O momento presente passa muito rápido, é agora, mas já foi e ainda vai ser ao mesmo tempo; é o famoso *déjà-vu*, tudo acontece no mesmo momento. Mais uma vez o Mestre ensina: "Não se preocupem com muitas coisas, vocês valem muito mais do que as aves do céu, lírios do campo... e o Pai não deixa de cuidar deles, quanto mais de vocês."

Quando sei onde quero chegar, quando tenho esperanças e sonhos, isso faz com que eu tenha mais razão para viver?

Com certeza. Lembra-se da história *Alice no País das Maravilhas*? Ela pergunta sobre o caminho a seguir e o gato responde: "Aonde você quer ir?" Quando ela diz que não sabe, ele completa: "Então qualquer rua que você pegar serve!" Tem muita gente que anda assim, só existe, mas não vive. São coisas diferentes, viver é abraçar a vida, como a abelha que suga o néctar das flores, dar valor a cada momento, aproveitar o dia. Lembra-se do *carpe diem*? As dificuldades existem, mas você precisa acreditar e lutar, fazer planos, realizar sonhos, saber aonde quer chegar, construir alguma coisa para as pessoas que estão aqui. A vida continua, e, se a gente conseguir entender isso e ter prazer, a vida tem sentido...

O ideal é parar e refletir sobre esse milagre que sou? Aliás, é importante parar?

A gente precisa parar sempre, todo dia. O ideal seria reservar um tempo de 15 ou trinta minutos por dia, seja para rezar, no sentido de fazer orações corriqueiras, seja para se postar diante de Deus de forma nua e crua e dizer: "Por favor, me oriente, me diga: estou indo bem? Estou na direção certa? O que eu poderia ter feito melhor?" O ideal é se tornar dependente desse poder maior diariamente. Com certeza você terá perspectivas diferentes e uma bela análise sobre o que você fez, faz e vai fazer.

Existem maneiras de descobrir como viver melhor?

Sim, o importante é a descoberta. Agora, para descobrir isso, é preciso se desprender da mídia que vende a felicidade de forma equivocada, barata, por meio de um carro novo, uma cerveja gostosa ou coisas assim. Não estou querendo dizer que essas coisas não são importantes e que não fazem bem, minha ideia é que o essencial não é isso, a essência da vida não é isso. Tem muito mais a ver com cheiros, visões, comidas, experiências...

Cuidar da vida é descobrir o sentido que ela tem antes que algo ruim aconteça?

Eu acho que a vida tem que ser celebrada todos os dias, fazendo uma ligação, passando um e-mail, sendo educado com o garçom, dizendo olá, tratando bem nossos colegas de trabalho, o motorista do ônibus, o gari, o taxista ou o ascensorista. O ser humano é um ser de relacionamento e, se ele não se relacionar, a vida não vai ter sentido. Muitas famílias grandes só se encontram em funerais. Claro que não são todas — muitas famílias italianas, por exemplo, se encontram em volta de uma bela mesa para contar novidades e comer. Eu comemorei meus sessenta anos recentemente e reuni uma porção de gente, amigos do quartel e da faculdade, familiares, pessoas que eu não via há muito tempo... E daí me falaram: "Como você conseguiu reunir tantas pessoas?" E eu disse: "Pois é, e nem estou em um caixão!"

O que você diria para as pessoas que têm vontade de ficar no escuro, se irritando inclusive com a risada dos outros?

Tem vários motivos que levam as pessoas a ficarem nessa situação, mas eu diria que é preciso viver essa crise por um tempo. Esse momento tem que ser vivido e trabalhado, mas com certeza não vai ser sozinho que você vai encontrar soluções para os seus problemas. É preciso abrir a janela do coração para a vida e também — e eu acho esse um ponto muito importante — se debruçar na janela do passado, sem sentir arrependimento pelo que já aconteceu. Tudo que aconteceu tinha que ter acontecido; a solução que foi criada foi a melhor possível, a ideia foi a melhor, toda decisão foi a melhor a que se podia chegar na ocasião. Não há como consertar as coisas: aconteceu o que tinha que ter acontecido.

Suas considerações finais, seu recado especial sobre esse dom precioso que é a vida.

Olha, eu vou usar um verso do Gonzaguinha que tem feito muita diferença nos meus dias. É a música "O que é, o que é", em que ele faz uma apologia à vida e diz: "Viver e não ter a vergonha de ser feliz; cantar e cantar e cantar a beleza de ser um eterno aprendiz." A vida é um eterno aprendizado, e a cada instante estamos aprendendo. Se você encontrar alguém no seu caminho que diga que já sabe tudo, pode ter certeza de que essa pessoa está apenas existindo, mas já deixou de viver.

CAPÍTULO 10

FAMÍLIA, SINÔNIMO DE AMOR

O amor na educação dos filhos

Família é presente de Deus. Família é sinônimo de amor! É célula sagrada da sociedade… Família é refúgio… É querer voltar para a casa, porque a rua não é lugar de ninguém…

Família é sinônimo de conflitos, claro… Mas também é sinônimo de respeito, de carinho, de aceitação, de limites, de boas risadas…

E não pense que família é sinônimo de perfeição, ou que a família do vizinho é melhor do que a sua… Nada disso! A melhor família é a que você tem… É a sua! É presente de Deus na sua vida, e você, na vida da sua família… E, por mais que não pareça… sua família é linda!

Vamos! Sirva o melhor jantar! Use o melhor tempero e acredite: ter e ser família é o melhor que há, sempre!

Entrevista com o dr. Fernando Pontes, especialista em família e orientador familiar há trinta anos.

Lúcia: Se compararmos a família de hoje com a de uma ou duas gerações atrás, notamos que houve muitas mudanças. Na sua maneira de ver, quais foram as principais?

Dr. Fernando: Temos hoje um novo modelo familiar: a família laboral. Pai e mãe trabalham fora. O resultado é maior renda familiar e possível desenvolvimento profissional dos dois, mas tem como consequência o fato de que atualmente o casal briga com a falta de tempo, inclusive para se dedicar aos filhos. Uma consequência positiva desse modelo é que hoje há uma participação muito maior do homem na casa e na criação dos filhos. Essa nova geração cozinha, sabe trocar fraldas, leva os filhos para passear... Então isso foi um ganho para a família. Um avanço. Entretanto, há o problema de que o tempo tem que ser muitíssimo bem administrado.

Porque a responsabilidade continua. Aliás, deve ser muito maior, quando se pensa na qualidade desse pouco tempo...

A responsabilidade eu diria que é a mesma. A dificuldade é que é maior. Primeiro falta tempo. Tem que se administrar muito melhor o tempo de que se dispõe. Ora, para dedicar tempo a uma coisa, você tem que tirar tempo de outras coisas. Então talvez precisem mudar um pouco os hábitos, passar menos tempo em frente à televisão, por exemplo, para dedicar mais tempo aos filhos, conversar com eles.

Aliás, a gente chega cansada em casa, é muito fácil de isso acontecer: "Jogue lá no seu computador, brinque, porque eu quero assistir ao meu filme, ao meu jornal, à minha novela", enfim...

Exatamente. E ainda tem outra questão que acho bem significativa. A sociedade hoje não nos ajuda a educar os filhos. Houve uma época em que uma série de comportamentos era recriminada por ser inadequada, contrária à moral. Hoje esses comportamentos são aprovados.

Tudo pode?

Tudo pode. Então essa é uma dificuldade a mais para os pais do ponto de vista da educação. Eu não teria medo de afirmar que hoje os três valores dominantes da sociedade são: dinheiro, prazer e poder. O problema não está em correr atrás do dinheiro, do prazer e do poder, mas sim quando isso é colocado acima de tudo, acima dos primeiros e mais profundos princípios, e é um problema sério, porque isso está na rua, isso nos impregna, isso afeta nossos filhos. Esse é um cuidado a mais que devemos ter com eles.

Essa falta de valores que percebemos no comportamento de alguns jovens está diretamente ligado àquilo que ensinamos dentro de casa?

Muitas vezes sim. E é interessante porque, quando a gente pensa nos grandes ensinamentos, nas virtudes humanas vividas, o problema é muito mais de hierarquia. Não é que não se dê importância aos valores, é que eles são colocados abaixo daqueles três outros. Por exemplo: fidelidade, verdade, lealdade, veracidade, solidariedade, comprometimento, amizade, justiça, honestidade. Todos esperam isso dos outros. Eu quero ser tratado com lealdade, justiça e sinceridade. Todos querem. O problema é que, quando chega a hora de agir, eu, por causa do dinheiro, do prazer e do poder, deixo de lado essas virtudes e pratico atos contrários a elas. Quer dizer, é uma hierarquia. A honestidade, por exemplo vale mais do que o dinheiro, mas posso sacrificá-la para ganhar mais e ficar bem financeiramente. Nesse caso, na prática, o dinheiro é mais importante. Todos precisamos dele, mas não é, nem pode ser, o que mais importa.

E como trazer isso para dentro de casa? Como administrar essa hierarquia?

Isso me preocupa muito, e nos cursos chamo bastante atenção para o assunto. Às vezes, a gente faz a crítica como se estivesse imune a essas questões, e esquece que isso está no ambiente e entra pela pele. Uma pergunta que sempre faço nos meus cursos é: se um filho de vocês dissesse que quer fazer uma faculdade de filosofia, por exemplo, como vocês reagiriam? A maioria diria: "Você é louco! Vai morrer de fome."

Nessa sua resposta, qual é o seu critério para avaliar a profissão? Qual é a mensagem que você está passando? Sem dúvida, a do dinheiro. Talvez a melhor coisa que você pudesse dizer fosse: "Veja bem, a vida de filósofo no Brasil é complicada. Para você ganhar algum dinheiro, talvez precise dar aulas. Saiba disso, mas, se quiser seguir essa carreira, estude e se esforce para ser um ótimo profissional."

Está faltando testemunho de vida por parte dos pais?

Quando se fala em educação dos filhos, vale a pena lembrar um ditado popular: "Frei exemplo é o melhor pregador."

Educamos com a palavra e com o exemplo. Não basta a palavra, e não basta só o exemplo.

Filhos pequenos veem o concreto. Então não adiantam grandes explicações, grandes ideias. Peça que guardem o brinquedinho, a lancheira...

Na medida em que o tempo passa, vamos tendo outra situação. Os filhos, quando chegam à adolescência, esperam coerência entre o que os pais falam e fazem. Entre palavra e vida. E aí entra o nosso papel. Quer dizer, temos que dar o exemplo e viver aquilo que queremos que eles façam e vivam. Tem gente que diz que não é exemplar, mas o fato é que não estou dizendo isso para pessoas exemplares; ninguém é perfeito. O exemplo que nós podemos dar — e que está ao alcance de qualquer um — é o de alguém que não se conforma com a sua mediocridade, de alguém que se esforça para melhorar essa ou aquela característica em si mesmo. Eu não preciso ter uma virtude ordeira impecável para exigir ordem dos meus filhos — aliás, é até bom que eles vejam: "Puxa, deixei o paletó aqui!" E, na medida em que a gente se esforça para melhorar, temos moral para exigir. O importante é que os filhos sejam desenvolvidos num grande plano de virtudes e valores.

Por falar em autoridade, o senhor concorda que hoje muitos pais não usam sua autoridade, não se impõem aos filhos? Não impõem inclusive os limites?

A autoridade é uma ferramenta importantíssima. Nos ajuda muito a educar os filhos. E vou além: a autoridade é um direito do filho e um dever nosso. Dá os trilhos, dá o caminho, traça o limite para que ele não saia da estrada, aqui sim, aqui não.

Qual o problema da autoridade?

O desvio de autoridade, conhecido como autoritarismo. E como exemplifico? É quando você dá uma ordem, faz uma exigência, e não está querendo o bem do filho. Aliás, é uma pergunta que devemos sempre nos fazer. "O que eu espero conseguir com essa ordem?" É para o bem dele? Se for para o bem dele, está correta. Não importa se doer por dentro, é o dever do pai. Porque muitas vezes o pai está no sofá e diz: "Vai pegar um copo de água para mim." Bem, ele deu uma ordem, até esqueceu a expressão "por favor", que anda muito deixada de lado e deve ser usada, especialmente em família. O que estou querendo? Às vezes, a gente manipula e diz: estou querendo que ele aprenda a servir, mas no fundo estou mesmo é com preguiça de ir buscar a água.

E quando o filho cresce, percebe esse comportamento?

Evidente. Quando o filho quer ir a uma festa, por exemplo. Digo não! Mas não por quê? Porque não é saudável, porque não é adequado, pelo local, pela companhia? Ou é porque estou com preguiça de ir buscá-lo depois?

Brigar contra o autoritarismo significa lutar consigo mesmo. Procuro decidir o que é melhor para o meu filho, mesmo que seja desagradável ou custoso para mim.

Também tem o desvio de paternalismo. Não faça por seu filho o que ele pode fazer sozinho. Ah! Mas ele não sabe tomar banho. Ele pode aprender... Deixe seu filho tomar banho sozinho, depois você vai lá e vê como ficou a orelha etc. Mas deixe-o fazer sozinho. E qual é o limite disso? Será que ele consegue avaliar as consequências de determinada ação? Quando ele não conseguir, não poderá fazer sozinho. O paternalismo cria uma redoma de vidro, não deixa a criança se expor. E depois que os pais morrerem? Não, não criamos orquídeas de estufa. Temos que criar os filhos para o mundo.

É difícil? Precisa de muito bom senso?

É preciso ver, rever, conversar com a esposa, observar e fazer. Uma dica para ver se há paternalismo é a palavra "coitadinho". "Coitadinho, ele tem que levantar cedo para ir para a escola..." "Coitadinho, caiu se machucou..." Onde tem "coitadinho", tem paternalismo.

E o abandonismo?

Essa é a pior forma. São os pais que dão tudo para os filhos, eles ganham tudo o que pedem, sem nunca ouvir um não. Mas os pais não lhes dão atenção e carinho. Em resumo: dão de tudo, mas não se dão.

Quais as dicas para educar bem nossos filhos?

Vamos dar um passinho atrás e pensar no casamento. A causa do casamento é o amor. A finalidade do casamento é o amor, o amor está na causa e na finalidade. O fundamental como base da família é o amor entre os pais. E o amor dos pais pelo filho é tão importante quanto o amor mútuo dos pais. Os dois têm igual importância, porque isso gera segurança!

Quando os filhos são amados e veem que os pais se amam, eles se sentem seguros. Segurança é a primeira condição para se abrir, para estar aberto à influência externa que seria a influência educativa dos pais.

Uma criança que convive com um casal em crise, por exemplo, pode ser levada a pensar o seguinte: eles se conheceram, eles se escolheram e casaram, mas eles não me escolheram. Será que vão gostar de mim? Se estão assim entre eles, como será comigo? Essas coisas perturbam. A professora percebe logo uma criança que convive com os pais em crise, pois logo essa criança volta a usar fralda.

Ou seja, tem que haver amor e exigência.

É relevante a preocupação que os pais têm quando os filhos começam a crescer e a sair de casa sozinhos?

Sim. Isso tem que acontecer aos poucos. Orientando, observando, acompanhando, criando limites e revendo as regras à medida que crescem e demonstram que estão usando bem a autonomia que está sendo dada.

Qual a sua opinião sobre os números gigantes de divórcios?

Acho lamentável. E evidentemente há muito mais divórcios do que a estatística apresenta. Há os que se separam sem oficializar. Infelizmente, os divórcios acontecem entre casais com os mais diversos tempos de casados. Agora, nota-se que há dois momentos na vida matrimonial em que existe uma maior incidência de divórcios: o primeiro pico, na faixa dos seis ou sete anos de casados, e depois lá pelos trinta. Qual é a razão?

O divórcio no primeiro pico é consequência da má preparação ("não sabiam o que estavam fazendo").

O segundo pico acontece quando o casal não percebeu durante todos esses anos que cuidaram muito bem da família, os filhos estão bem-educados, criaram um bom patrimônio — e agora os dois ficam sozinhos, se olham e se perguntam: quem é esse senhor? Quem é essa senhora? Ou seja, não cuidaram do próprio relacionamento, não olharam um para o outro. Por isso o susto que levamos: depois de tantos anos casados, agora estão se separando.

Mesmo com a correria do dia a dia, o casal precisa achar um tempo para os dois?

O casal tem que separar duas ou três horas por semana para cuidar da relação, sem televisão ligada, com os filhos pequenos dormindo, com uma conversa tranquila, serena. Se puderem sair, caminhar, andar de mãos dadas, mas namorar mesmo. Isso tem um efeito fantástico, porque dá tempo de terminar aquelas conversas que começaram ou encerrar as brigas que pararam na metade, de esclarecer as coisas.

Muitos divórcios acontecem por banalidades?

Claro. Quando estudamos isso, e a gente tem a possibilidade de explicar isso para as pessoas, todos ficam pasmos. Como uma "bobagem", um mal-entendido, pode gerar uma crise enorme? E gera mesmo. É a famosa panela de pressão. Constrói-se e se destrói no dia a dia.

A nossa vida é composta de detalhes. As grandes coisas que conseguimos realizar são a soma das pequenas.

O que é um casamento?

Existem duas fases: uma delas, a remota, que é o namoro. O que é importante num namoro? Conhecer o outro. Deu certo? Começa a aparecer uma possibilidade, uma luz de uma vida estável de uma união para sempre? Nesse momento, eu diria que começa um noivado. Agora vem o aprofundamento do conhecer o outro. Essa é a essência de um bom noivado. Ora, para se conhecer alguém, deve-se conversar muito. Preocupam-me noivados em que o casal está sempre com o grupo; em grupo não se conversa. Tem coisas fundamentais que precisam ser conhecidas. Por exemplo: o que é casamento para cada um. Para mim, deu, deu; não deu, não deu. Para o outro, é para sempre. São visões completamente diferentes. Tem que haver concordância. Senão, não vai dar certo. Tenho certeza. Dificuldades surgirão, claro, mas atravessem a dificuldade, saiam do outro lado fortalecidos, querendo-se mais. O sucesso do casamento está muito em não ter porta de saída... É só olhar para a frente. Os momentos difíceis servem para aumentar a união. Casamos *com*, e não *contra*. Sob que valores queremos viver? E a fé? Temos a mesma fé? Respeitamos a fé do outro? Tem que haver esse respeito. Queremos filhos? Quantos? Quando?

Com sua experiência, o que o senhor tem percebido?

Tudo isso é fruto da minha experiência de 32 anos trabalhando com famílias. O casal tem que estar afinado. Um alerta: há uma doença grave? É preciso saber. Alcoolismo, dependência de drogas? Deve-se estar a par. Não existe a ilusão de que com o meu amor eu vou resgatar o outro. Não vai resgatar nada. Tem que estar consciente da necessidade de se procurar ajuda. Isso é muito sério.

Suas considerações finais.

Eu daria uma sugestão para os casais: tirar uma tarde, conversar, colocar o papo em dia. Continuar as conversas que foram interrompidas. Isso é fundamental para a saúde do matrimônio, para garantir que lá na frente não se tornem dois estranhos.

Gostaria de realçar que nós não estamos sós, temos muitas famílias boas, somos uma maioria silenciosa. Tem muita gente boa por aí, só que não saem nos jornais, não são notícia. Só aparecem os rolos, e parece que tudo está ruim, mas não é verdade. E depois temos a graça sacramental, não podemos nos esquecer disso, as graças próprias de quem é casado para manter o matrimônio, as graças próprias de quem é pai e mãe para criar os filhos. Temos uma ajuda específica, especial de Deus para isso, ajuda para cumprir o nosso dever. E Deus é fiel — às vezes nós não somos, mas Ele é. Ele é o maior interessado em nossa salvação e na salvação dos nossos filhos, que são filhos d'Ele também. Não deixem de lado a fé quando pensarem no seu casamento e na sua família.

AGRADECIMENTOS

Concretizar este sonho é sem dúvida um meio de dizer àqueles que me rodeiam: muito obrigada!

Agradeço a Deus, por tudo!

Aos meus entrevistados, pelo profissionalismo e disponibilidade.

À minha família, meu verdadeiro porto seguro e para a qual não tenho palavras para expressar o quanto amo.

Ao meu amor, por tudo, e por ser este homem lindo e apaixonante.

À obra Evangelizar é Preciso, que me inspira a cada dia a ser instrumento de evangelização.

E ao padre Reginaldo Manzotti, por acreditar no meu trabalho.

Direção Editorial
Daniele Cajueiro

Editor Responsável
Hugo Langone

Produção Editorial
Adriana Torres
Daniel Borges do Nascimento

Revisão
Isis Batista Pinto

Diagramação
Trio Studio

Este livro foi impresso em 2016 para a Petra.
O papel do miolo é chambril avena 80g/m2,
e o da capa é cartão 250g/m2